面向未来的电力企业管理

以国网江苏省电力有限公司为例

国网江苏省电力有限公司　◎编

中国人民大学出版社
·北京·

编 委 会

2020 年 9 月，习近平主席在第七十五届联合国大会上宣布，中国力争 2030 年前实现碳达峰，努力争取 2060 年前实现碳中和。能源行业碳排放占全国碳排放总量的 80% 以上，电力行业碳排放占能源行业碳排放的比例超过 40%。实现"双碳"目标，能源是主战场，电力是主力军。中央财经委员会第九次会议强调，"十四五"是碳达峰的关键期、窗口期，要构建清洁低碳安全高效的能源体系，控制化石能源总量，着力提高利用效能；要实施可再生能源替代行动，深化电力体制改革，构建以新能源为主体的新型电力系统。

激情点燃未来，目标引领发展，新的征程已经启航。2021 年，国家电网有限公司（简称"国家电网"）作为《财富》世界 500 强排名第二的大型央企，坚决贯彻落实党中央、国务院决策部署，主动担当，迅速行动，率先发布了服务碳达峰、碳中和行动方案，高标站位推动构建新型电力系统，加快建设具有中国特色国际领先的能源互联网企业。

国网江苏省电力有限公司（简称"国网江苏电力"）作为国网系统规模最大的省级电网公司之一，已经连续 9 年业绩考核排名国网系统第一。国网江苏电力将服务"双碳"目标，推动构建新型电力系统省级示范区，推动国家电网"一体四翼"发展布局在江苏率先落地实践。聚焦这一主线，国网江苏电力明确了"四项行动"，通过"基础再夯实"支撑行稳致远、通过"管理再提质"赋能转型升级、通过"服务再提升"构建良好业态、通过"创新再突破"提供不竭动力，全力以赴，勇攀能源互联网企业建设新高峰。

本书案例源于国网江苏电力开展"四项行动"的实践，分为四个篇章。"基础夯实篇"是从全局高度深刻认识基层基础管理的价值，推动基层基础与电网发展、企业转型要求相适应的实践案例；"管理提质篇"是以提高价值创造能力和经营管理绩效为目标，优化与能源互联网企业要求相匹配的管理体制机制，发挥规模和协同效应，不断增强企业核心竞争力的实践案例；"服务提升篇"是践行"人民电业为人民"的企业宗旨，深入落实国家电网卓越服务提升工程要求，努力让客户满意、让党和政府放心的实践案例；"创新突破篇"是抢抓"双碳"发展机遇，主动适应新业态、新模式，锐意进取、锐意攻坚，不断增强企业可持续发展能力的实践案例。

奋斗创造历史，实干成就未来。国网江苏电力秉持"人民电业为人民"的初心和使命，在建设新型电力系统的新征程上开疆拓土、笃行致远，努力输出具有中国特色国际领先的能源互联网企业江苏样板！

目录
Contents

第一篇

基础夯实篇

以知识共创共建共享为目标的电网主设备知识管理体系建设

国网江苏省电力有限公司设备管理部

引言：随着新型电力系统的建设，电网规模持续扩大、设备类型不断丰富，设备知识资源呈爆发式增长趋势。如何挖掘设备知识价值，赋能基层业务应用？国网江苏电力构建电网主设备知识管理体系，促进知识资源与业务深度融合，实现知识传承与价值创新。

摘要：电网主设备知识管理是"大云物移智"等新一代信息技术在设备管理领域的融合应用，是促进国网江苏电力设备管理水平整体提升的重要抓手。为贯彻落实国家电网全面加强设备管理工作决策部署，国网江苏电力以"实用、好用、耐用"为出发点，以知识"共创、共建、共享"为目标，以梳理知识应用需求、规范知识采集流程、搭建设备知识图谱、建立知识运营机制、打造知识交流社区、深化知识共享应用为路径，应用自然语言处理、知识图谱等技术，建设电网主设备知识管理体系，实现电网主设备管理制度、技术标准、设备图纸、维护保养手册、故障分析报告等知识的精准化检索、智能化问答、场景化推送、图谱化呈现以及移动化应用，推动电网主设备知识管理向系统化、精益化和智能化转变，为基层人员现场运检及故障分析处置等提供指导，助力设备管理提质增效。

一、背景和问题

（一）建设主设备知识库是实现战略目标的内在需求

2020年3月16日，国家电网将"具有中国特色国际领先的能源互联网企业"确立为引领企业长远发展的战略目标。该战略旨在以电网创新发展推动电力体制改革，深入贯彻落实习近平总书记"四个革命、一个合作"能源安全新战略，开启企业高质量发展的新篇章。国家电网建设能源互联网企业的过程，既是推动电网向能源互联互通、共享互济发展的过程，也是用互联网技术改造提升传统电网的过程。以能源创新为驱动，以互联网技术为手段，以企业转型升级为支点，三者有机统一，是国家电网投身"新基建"、发展数字融合经济以及维护国家能源安全的主攻方向和最佳路径。

国网江苏电力对照国家电网的战略目标分析，认为在设备管理领域还缺乏电网主设备知识管理体系，这导致电网主设备知识管理尚未达到系统化、精益化和智能化要求，需要利用互联网技术改造提升传统电网管理方式。

（二）建设主设备知识库是支撑高质量发展的直接需求

为全面落实中央统筹推进经济社会发展工作部署，积极应对当前严峻复杂的经营形势，国家电网决定开展2020年提质增效专项行动，通过"八个全力"促提质，实现"八个增效"稳发展，打出开源节流、提质增效"组合拳"，向改革要动力、向创新要活力、向管理要潜力，促进企业和电网发展质效双提升。国家电网设备管理部在2020年设备管理重点工作任务中提出推进管理变革和技术创新，在设备管理"三化"（标准化、精益化、智能化）

上下功夫，在"三全"（全寿命资产管理、全过程技术监督、全面质量管理）上求突破，提升设备管理质效，为国网江苏电力高质量发展提供安全保障。

设备管理领域拥有技术标准、管理制度、结构图纸、试验报告、设备说明书、故障分析报告等海量知识数据，如何充分挖掘数据价值，利用已有知识指导设备全生命周期管理，进而推动电网的高质量发展，成为亟待解决的问题。

（三）建设主设备知识库是提升设备管理水平的迫切需求

国网江苏电力是国网系统规模最大的省级电网公司之一，多年来设备管理工作始终走在前列。然而，目前在设备管理方面存在以下问题：一是设备标准化知识在作业现场获取困难。目前设备大部分静态知识（如国家标准、作业指导书等）仍以传统的纸质形式进行存储，难以满足现场作业过程中的即时性查询、学习等应用需求。二是专业管理过程中生成的知识系统化、规范化程度不高。在专业管理过程中生成的动态知识（如故障分析报告、检测报告等）未实现结构化并统一存储，知识未实现共享应用。三是各环节设备知识未实现有效关联。目前，电网设备采购制造、基建安装、运维检修等环节之间的资料数据未建立结构化关联，导致设备知识对异常故障分析和管理决策等支持不足。

打造电网主设备知识管理体系，贯穿设备管控过程各环节，深度挖掘知识应用价值，提高知识利用效率，巩固设备运检质效，是提升设备管理水平的迫切需求。

国网江苏电力坚持以基层需求为导向，由设备管理部组织开展问卷调查、专家访谈等广泛调研，基于调研结果梳理知识体系、规范采集流程、搭建知识图谱、建立运营机制、深化共享应用，全面开展电网主设备知识管理体系建设。

二、主要做法

建设电网主设备知识管理体系的逻辑见图1-1。

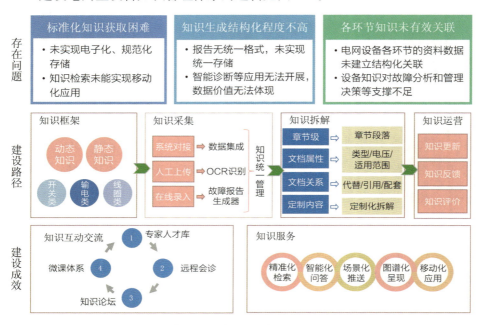

图1-1 电网主设备知识管理体系建设逻辑

（一）明确体系建设思想，规划体系建设路径

1. 电网主设备知识管理体系建设思想

设备知识是指在设备设计、采购、制造、安装、运行过程中产生并对设备相关工作具有指导意义的信息点、规则及由规则推理所得结论的集合。电网主设备知识管理是在设备管理领域构建一个量化与质化的知识体系，使得设备知识通过获得、创造、分享、整合、记录、存取、更新、创新等过程，不断反馈到知识体系内，实现员工与企业知识的循环促进，形成设备管理的智慧资本，助力企业正确决策。

电网主设备知识管理体系建设围绕"明确需求，强化应用"，紧密结合现场作业和专业管理需求，分析当前电网主设备知识管理薄弱环节，明确设备管理和技术发展方向，实现电网主设备知识管理系统化、精益化和智能化应用。坚持"资源整合，迭代完善"，整合利用现有系统资源和数据，基于电网业务中台和数据中台，依托知识图谱等关键技术，构建电网主设备知识管理系统，迭代完善统一规范的知识管理体系。加强"试点先行，逐步推广"，省级电网公司负责电网主设备知识管理体系的统筹规划，各业务支撑和实施机构、地市级供电公司分工负责，逐步建立健全电网主设备知识管理体系，提升公司设备管理水平。

2. 电网主设备知识管理体系建设路径

电网主设备知识管理体系的建设主要从以下几个方面着手：根据电网业务需求，梳理电网主设备知识框架，奠定主设备知识管理体系建设基础；针对目前专业管理过程中生成的知识系统化、规范化程度不高的问题，规范知识采集流程，实现设备知识标准化存储；针对设备知识结构化水平低的问题，多维拆解设备知识，构建设备知识图谱，充分挖掘知识价值；针对设备知识的纠错、更新难题，规范知识管理要求，建立知识的动态更新机制；针对设备管理过程中的复杂问题，打造知识交流平台，推动设备知识管理体系可持续发展；针对作业现场知识获取困难、知识对管理决策支持不足的难题，制定知识服务策略，实现知识共享应用。

（二）梳理知识应用需求，搭建知识框架结构

1. 静态知识框架结构

在设备静态知识方面，构建了以设备技术标准、设备管理制度、设备技术资料为主要内容的知识框架，见图1-2。其中，设备技术标准包括"主＋从＋支撑"体系标准、72类技术标准执行指导意见以及差异条款统一意见等内容；设备管理制度包括通用制度、非通用制度、实施细则、差异条款、补充制度、规范性文件；设备技术资料包括一次结构图、二次回路图、设备说明书、维护保养手册、主要备品备件参数资料等。

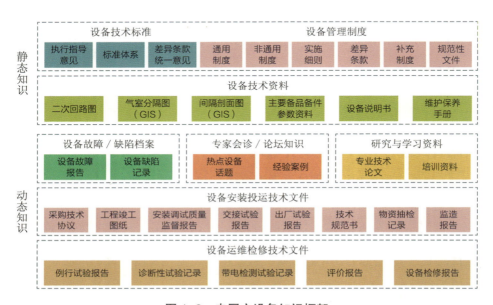

图 1-2 电网主设备知识框架

2. 动态知识框架结构

在设备动态知识方面，构建了以设备故障 / 缺陷档案、设备安装投运技术文件、设备运维检修技术文件、专家会诊 / 论坛知识、研究与学习资料为主要内容的知识框架。其中，设备故障 / 缺陷档案包括设备故障报告和设备缺陷记录；设备安装投运技术文件包括采购技术协议、工程竣工图纸、安装调试质量监督报告、交接试验报告、出厂试验报告、技术规范书、物资抽检记录、监造报告等；设备运维检修技术文件包括例行试验报告、诊断性试验记录、带电检测试验记录、评价报告、设备检修报告等；专家会诊 / 论坛知识包括论坛上的热门设备话题、经验案例等优质内容；研究与学习资料包括专业技术论文、培训资料等。

（三）规范知识采集流程，强化知识源头管理

1. 规范知识差异化采集流程

依据电网主设备知识框架，针对不同类型的知识建立差异化采集流程，见图 1-3。根据知识来源分别制定知识采集方案：一是通过与 PMS、D5000、故障录波系统、自然灾害预警系统、故障报告生成器等业务系统集成，使业务系统与知识管理系统对接，将业务系统数据自动导入知识管理系统中。二是针对 DOC、PDF、CEB、CAD 格式的设备技术资料、标准规范等离线知识，通过 OCR 识别技术，实现大批量离线知识高效、准确、智能入库，不断提高知识管理系统的自动化、智能化程度，实现知识的统一化、集中化管理。三是对于故障分析报告等未实现结构化生成并统一存储的知识，研发了故障报告生成器，实现报告格式的标准化和报告编制的智能化，准确、规范、完整、真实地反映故障分析情况，提高故障分析报告编制效率，提升故障分析报告质量。依据知识管理方法将知识进行分类保存，实现知识集中化、有序化存储，为知识高效利用奠定基础。

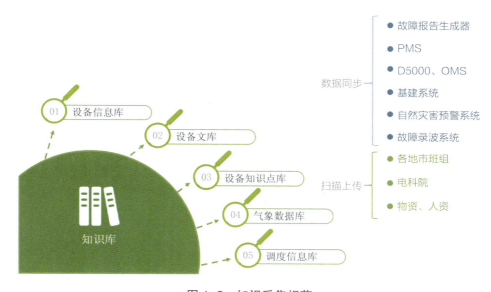

图 1-3　知识采集规范

2. 强化知识源头质量管理

源头数据的质量直接决定着电网主设备知识管理体系中的知识质量和应用效果。为了提升源头数据质量，针对不同知识来源制定了严格的数据管控规范：对于来自业务系统的知识，仅采集源系统中经过审核存档的数据，数据质量由源系统进行严格监控；对于人工上传的文档知识，经专业人员审核通过后方可纳入知识管理体系。通过对源头数据质量的严格管控，有效保证了知识管理体系中的知识质量。

（四）多维拆解设备知识，构建设备知识图谱

1. 知识拆解

为构建知识拆解模型，实现知识结构化关联的目标，采取以下措施：分析开关类、线圈类设备及输电线路等各类技术标准、管理制度、试验报告、设备说明书、故障分析报告等各类文档内容中的数据特征，如国标文件中的适用范围、术语定义，故障分析报告中的故障概况、故障分析等；利用自然语言处理技术对设备文档进行实体抽取、关系抽取，挖掘知识点之间的关联，以结构化方式进行数据存储并进行抽取审核，见图1-4。在知识应用的过程中根据业务人员的反馈不断优化知识拆解模型，提高知识拆解的准确度，完善面向电网主设备管理领域的知识拆解方法。

现阶段，电网主设备知识管理体系中的知识拆解主要针对文档类知识，包含四个维度：一是文档章节级拆解，即根据文档自然章节段落，获取每个章节标题及章节内容，方便一线员工在检索时更精准、更快速地查询知识点，降低知识点定位时间成本；二是文档属性拆解，即对文档内容进行解析，将内容中包含的适用范围、设备类型、电压等级等关键属性进行提取，形成文档标签化管理，提升检索效率；三是文档定制化拆解，即利用自然语言实现结构化知识抽取，实现知识统一化管理；四是文档关系拆解，即主要针对国

家标准、行业标准、企业标准等标准类文档，自动抽取文档间关系（包括代替、引用和配套关系），实现技术标准类文档智能化配合使用，提高知识应用效率。

图1-4　知识拆解与关联

2. 知识图谱

知识图谱是以结构化形式描述概念、实体及其关系的图形组合，运用可视化技术描述知识资源及其载体，挖掘、分析、构建、绘制和显示知识及它们之间的相互关系。知识图谱存储通过对知识的基本属性、关联关系、事件知识以及时序知识进行结构化存储方式设计，支撑大规模数据的有效管理和计；通过对知识图谱存储方式的研究，实现电力业务数据的统一化存储和知识的高效查询。

基于实体抽取、关系抽取等算法，构建电网主设备知识图谱，实现设备知识的可视化展示，便于快速浏览关联知识，提高知识获取效率。针对设备故障报告，抽取故障现象、故障类型、故障原因、处置方案等数据，形成设备故障子图；针对设备技术标准中的试验内容，抽取试验条件、试验准备、试验原理图、试验结果判定等数据，形成设备试验子图；结合设备管理全寿命知识及其联系，形成设备子图。基于知识图谱的关系分析与推理能力，对设备运行异常数据与故障进行潜在关系挖掘，形成设备故障预警依据，在设备运行中根据运行数据对潜在故障进行预警，保障电网安全稳定运行。

（五）建立知识运营机制，实现知识动态更新

1. 知识反馈

电网主设备知识覆盖面广、关联关系复杂、更新速度快，因此，电网主设备知识管理体系对知识的时效性和准确性要求较高。在设备知识管理体系中，难免存在知识缺失、知识错误等现象，因此，要建立知识反馈机制，实现错误知识的及时发现与修正，形成对知识生命周期的闭环管理，推动设备知识管理体系的可持续性发展。

2. 知识互动

知识互动主要包括知识评价、知识收藏、知识分享等内容。知识评价旨在培养业务人员知识评价能力，为业务人员提供知识评价途径，这一方面可促进业务人员积极参与知识管理，另一方面可保证知识的高使用率与高准确度。知识收藏允许业务人员对常用或重要知识进行收藏，增强知识查阅便捷性。知识分享鼓励业务人员对优质内容进行分享，促进知识交流、激励知识贡献。

3. 知识审核

为保障电网主设备知识的准确性，公司建立了规范的知识审核机制。知识管理员是知识运营工作的核心角色之一，在知识动态更新过程中发挥重要作用。业务人员根据系统使用体验将知识更新需求（包括知识补充、知识纠错等）反馈至系统，由知识管理员对知识更新需求进行审核，并在通过审核后对知识进行针对性更新，完成新知识的发布，见图1-5。同时，知识管理员主动对用户评论与知识运营数据进行分析，对缺失知识进行补充完善，对过时和错误的知识进行淘汰，完成知识的及时更新。针对设备不同领域知识设置差异化的审核流程，有效把控知识质量。

图 1-5　知识运营示意

（六）打造知识交流社区，赋能知识共创共建

知识交流社区的打造如图 1-6 所示。

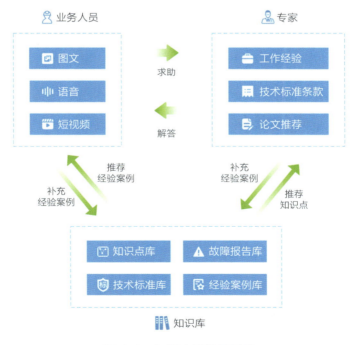

图 1-6　知识交流社区示意

1. 知识论坛

搭建设备知识论坛，活跃知识交流氛围，提高知识体系使用价值。设备知识论坛是供业务人员开放问答、分享经验、交流心得的知识社区，可提供问题讨论等交流机制，鼓励员工分享工作心得，协助解决同行问题，助力个人业务水平的提升。通过分析知识论坛中的讨论与交流记录，发现知识管理体系建设的不完善之处，捕捉用户关注的热点知识，为完善知识管理体系建设提供参考。同时，对论坛中的优质内容进行整理，纳入电网主设备知识管理体系。通过设备知识论坛的建设，促进知识交流与经验分享，推动知识管理体系的更新迭代。

2. 知识微课

基于电网主设备知识框架，对技术标准、专家经验等知识内容进行梳理，建设设备知识微课，向不同专业业务人员提供定制化培训内容。拓展知识形态，在传统文档、PPT、图片等文件格式基础上，补充短视频格式，对知识内容进行更生动形象的展示。通过建设多媒体化微课，辅助提高员工业务水平，完善员工培训体系，有效提高业务人员学习效率。

3. 专家会诊

依托国家电网、省级电网公司的专家认证体制，建立电网主设备专家人才库，并根据擅长专业领域对专家人才进行分类管理，充分发挥各专业领域专家的经验价值。建立专家远程会诊机制，业务人员在现场遇到复杂问题时，通过文本描述、语音描述、照片或视频的方式采集问题设备的特征信息，邀请相应领域的专家进行解答，公开发布的问题可以由其他专家与业务人员协助回答。对于成功解决的问题，其解答过程将转化为系统知识，纳入电网主设备知识管理体系中，为相似问题提供经典案例。远程会诊机制通过专家经验的共享，有效提高设备难题解决效率。

4. 积分激励

建立积分激励机制，鼓励知识交流。针对知识录入、远程会诊、论坛分享等不同场景，设计用户贡献值计算方法，转换为用户个人积分。结合可量化的积分，对知识管理体系建设参与人员进行激励。通过建设激励机制，鼓励业务人员参与知识运营过程，同时成为知识的使用者与贡献者。

（七）制定知识服务策略，深化知识共享应用

1. 精准化检索

一线员工在实际工作中主要依靠设备说明书、技术标准、管理制度等纸质资料辅助检修、巡视作业，缺乏资料信息化管理与检索技术手段，难以满足一线员工的知识查询即时性诉求。结合知识拆解成果提供知识智能检索能力，构建语义检索引擎，提高知识检索准确性：一是梳理检索场景，针对不同场景呈现对应知识点，例如设备典型故障处理原则、技术标准具体条款等；二是基于语义理解技术，提供知识点匹配功能，设计检索排序规则，展示最优结果；三是基于各类文档解析结果，实现对文档的全文搜索。

例如，在运检人员开展接地阻抗测量过程中，搜索"接地阻抗测量条件"，电网主设备知识管理体系可呈现接地阻抗测量试验条件的精确结果，包括环境、人员、安全、仪器等相关要求，该结果源于《国家电网公司变电检测管理规定（试行）——第45分册：接地阻抗测量细则》的拆解知识点，见图1-7。借助精准检索功能，业务人员可准确获得所需知识，无须花费时间查阅文件全文，可有效提升现场工作效率。同时，系统可呈现与检索内容相关的知识，如接地阻抗测量试验准备、注意事项、分流测试等知识点以及相关技术标准和管理制度文档，这有助于运检工作的高质量开展。

图 1–7　知识检索效果示例

2. 智能化问答

结合电网主设备知识管理体系与智能问答机器人，为一线员工提供全方位智能互动、全天候"一站式"服务，实现 7×24 小时随时触达的知识服务。智能问答机器人通过与一线员工一问一答或一问多答的方式准确获取一线员工咨询意图，同时可从员工咨询内容中发现关键的业务信息，从而准确推送相关知识点，降低文档查询时间成本，全面提高工作效率，减少故障处理时间，见图 1–8。

图 1-8　智能问答效果示例

3. 场景化推送

在一线员工日常巡视、检修试验、故障分析等方面提供知识场景化推送服务。根据业务处理场景，知识管理系统可个性化提供相关知识，节约业务人员查找纸质或电子版资料的时间。知识场景化推送主要应用于以下场景：一是在故障报告在线录入过程中，系统可推送相似故障案例报告，辅助业务人员快速录入报告；二是在故障分析过程中，系统可提供设备基本信息、历史运行记录、相关设备历史维修情况、继保信号、故障录波等信息，辅助业务人员快速定位故障原因；三是在检修试验过程中，系统可提供设备基本信息、试验规程、历史试验记录等信息，辅助业务人员高效完成检修工作；四是在日常巡检过程中，系统可提供设备基本信息、设备运行方式、设备巡检记录等信息，辅助业务人员全面了解巡检情况。此外，知识推送能力可接入业务系统中，为业务人员在日常办公、处理事务的过程中赋能。

以某 220 千伏断路器拒分故障为例，2020 年某公司 220 千伏 ×× 线 GL314P 型断路器在执行遥控分闸操作时，发生 B、C 相无法分闸现象，造成断路器分闸线圈烧毁故障。现场检查发现 B、C 相合闸弹簧处于未完全释能状态，齿轮盘需继续转 60 度才能到达正常的合后位置。根据设备故障信息，系统自动推送 2018 年省内其他公司同型号断路器设备拒分故障的故障分析报告。现场工作人员通过在线调阅该故障分析报告，详细了解故障原因及处置方法。系统为该起故障的原因分析及处置措施的制定提供了可靠参考。另外，借助专家会诊功能，现场工作人员第一时间将故障照片、描述及相关数据发送给省内开关领域专家，请相关专家线上给予技术指导，从而打破了传统故障处理方式下技术支持仅局限于故障设备所属单位的局面，使得故障处理效率显著提升。

4. 图谱化呈现

紧密结合业务需求，基于电网主设备知识框架开展设备知识本体设计，并对知识进行图谱化呈现：在知识服务层面，通过知识图谱呈现知识点的关联关系，向业务人员提供设备知识全貌；在技术支撑层面，应用路径分析与关系预测技术，提供基于知识图谱的语义搜索与问答功能，与搜索引擎和 FAQ 问答进行技术融合，进一步拓展智能检索场景、强化推理类问答能力，见图 1-9。

5. 移动化应用

电网主设备知识管理体系赋能移动化应用，业务人员可通过手持式移动设备实时查询知识，在处理设备故障、检修试验等过程中减少技术资料携带量。电网主设备知识管理体系的移动化应用可为业务人员提供更多的知识查询渠道，满足即时知识查询需求，提高问题解决效率，同时也可为业务人员学习、培训提供知识支撑，见图 1-10。

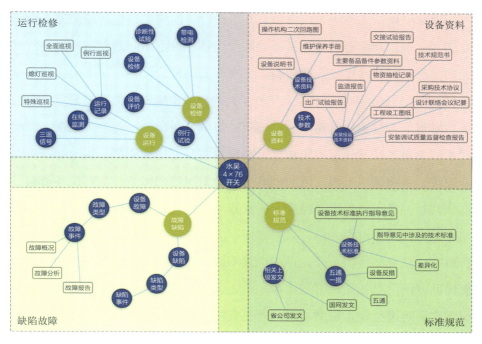

图 1-9　图谱化呈现示意

图 1-10　移动化应用界面

以常规修试工作为例，单一 220 千伏设备间隔通常包含断路器、电流互感器、电压互感器以及避雷器等四类设备，对上述间隔设备开展例行试验前，需进行包含设备台账资料、二次回路图纸、设备说明书、历次修试资料、相关修试标准等资料准备工作。在传统设备知识管理方式下，一方面，设备资料实行属地化管理，一旦地市级供电公司出现资料遗失情况，需要联系同类设备的其他地市级供电公司或设备厂家借阅资料，沟通、查找时间较长，影响运检工作。借助电网主设备知识管理体系，全省设备资料可在线共享，只需输入设备型号、厂家即可进行全省范围内的即时检索，切实保障运检工作可靠开展。另一方面，上述资料多以纸质形式存储在班组资料室，且资料性质不同，存放位置不同，全部准备齐全约需要 20 分钟。而借助电网主设备知识管理体系，作业人员在作业现场通过移动端访问知识管理系统进行知识精准检索，上述资料的检索仅需 3 分钟，可节约同等设备修试工作资料准备时间约 17 分钟，且节约的时间随修试设备量增加而增加，设备运检工作质效显著提升，节约大量人力、物力、财力。

三、实施成效

（一）贯穿设备管控过程各环节，管理水平稳步提升

电网主设备知识管理体系从不同维度将分散在基层班组的设备各环节知识进行梳理、整合，规范知识的生成、存储和应用，实现了知识的统一化、规范化、共享化管理：建立电网主设备在采购制造、基建安装、运维检修等环节资料数据的结构化关联，为运检人员直观呈现设备全寿命周期内的阶段性工作、重大事件；贯穿设备管控过程各环节，为设备管理提供知识支撑。电网主设备知识管理体系实现了电网主设备知识的规范化管理和智能化应用，可有效关联设备各环节知识，为现场运检工

作提供标准规范、设备技术资料、故障分析报告等知识导航，有效提升设备管理水平。

（二）设备运检质效持续巩固，经济效益逐步凸显

电网主设备知识管理体系基于深度语义理解的检索意图识别技术，实现知识精准检索，提升知识获取效率；开发基于多轮会话的在线问答机器人技术，实现知识在线问答，增加知识获取手段；提供场景化推送服务，面向不同专业，针对日常巡视、检修试验等不同场景，实现工作知识及时获取，辅助日常工作的快速开展；借助知识论坛和设备微课等知识交流社区，有效促进知识传承，提升员工素质。电网主设备知识管理体系的建设有效提高设备知识利用效率，降低知识运营成本，提高知识服务响应速度，有效提升运维检修和故障处理工作效率，减少故障停电时间及负荷损失，具有良好的经济效益。

（三）故障处理成效显著增强，助力社会和谐稳定

电网主设备知识管理体系实现了故障分析报告的结构化录入与规范化管理，针对不同设备类型建立了故障案例库，有效沉淀设备故障相关知识。在设备故障分析与处理过程中，电网主设备知识管理体系可为运检人员提供相似故障案例、设备运行记录等资料，辅助故障原因分析和处理方案制定。同时，依靠专家会诊机制，运检人员可在现场将设备故障信息通过系统发送给相关领域专家，邀请专家在线协助解决故障难题，实现专家远程在线指导，有效减少故障排查时间，提高故障分析准确度。电网主设备知识管理体系的应用大幅提升现场故障处理效率，减少设备停电时间，有效提高供电质量，助力社会和谐稳定，具有显著的社会效益。

四、启示和思考

（一）业务需求思考要先于体系建设

知识管理体系建设的目的是支撑业务水平提升，构建的是对设备相关工作具有指导意义的知识体系。因此，对业务的思考和梳理要先于对知识体系的设计，紧密结合现场作业和专业管理需求，业务提升需要什么，员工就应具备相应的知识结构，据此构建知识管理体系。

（二）有效的体系需要强力的运营管理

知识管理体系应当是一个"活"的体系，具有新陈代谢的能力、具有成长性，因此运营管理是知识管理体系发挥成效的关键因素。知识反馈、互动、审核形成了知识动态更新的运营机制，使具有应用需求的知识留在体系内，并有效传播，不断形成新的知识。

（三）重视应用是体系长效运行的保障

知识管理体系只有被员工广泛应用，形成使用习惯，才能长期稳定运行。在系统平台上，基于电网业务中台和数据中台，依托知识图谱等关键技术构建的知识管理体系还需不断完善。在社区打造上，还需继续丰富形式和内容，通过使员工习惯使用、乐于交流、积极分析，推动知识管理体系的深化应用。

市级供电企业以素质业绩积分为牵引的青年员工培养体系建设[*]

国网江苏省电力有限公司镇江供电分公司

引言：青年强则企业强！企业需要青年，公司重视青年，领导关注青年。如何帮助优秀的青年脱颖而出，实现梦想？国网镇江供电公司以积分为牵引，赋能青年员工历练成才。

摘要：国网镇江供电公司以建设"具有中国特色国际领先的能源互联网企业"战略目标为引领，紧密围绕国网江苏电力发展战略、核心业务和工作部署，以帮助员工成长成才、增强员工归属感和成就感、实现员工与公司共同发展为目标，建立青年员工素质业绩积分体系，将大数据的分析思维和工具融入青年员工培养过程中，以可视化、全景化的量化积分形式科学、客观呈现员工特长优点、成长短板以及基层单位青年员工培养状况，描绘青年员工成长精准画像，并深化青年员工素质业绩积分结果应用，加强引

---

[*] 该案例获评第二十八届江苏省企业管理现代化创新成果一等奖。

领作用，匹配构建科学有效的人才制度，构筑起员工成长可视化、问题诊断透视化、选聘决策科学化、人才发展精准化的青年员工培养体系，实现以素质业绩积分牵引青年员工的精准培养与开发，为建设"具有中国特色国际领先的能源互联网企业"提供智力支持。

一、背景和问题

（一）青年员工生力军作用发挥还需加强

青年人朝气蓬勃，如同东升旭日，是国家、社会、企业中最有活力和最具创造力的群体。习近平总书记在建党百年"七一"重要讲话中指出："未来属于青年，希望寄予青年。"青年员工是企业的新鲜血液，是企业创新的主体。青年强则企业强，任何一家追求健康发展、永续经营的企业都必须重视对青年的呵护和栽培，并将之作为一项长期的战略任务，持之以恒地融入企业每个发展阶段。国家电网是一家知识和技术密集型企业，青年员工是企业发展的支柱、是创新的生力军、是企业未来发展的基石。青年员工的培训、培养和成长是企业发展的基础。必须从全局角度进行决策部署、统筹安排，确立人才优先发展的战略布局，不断创新人才培养管理机制，为实现第二个百年奋斗目标提供有力的人才支撑、做出更大贡献。

（二）对青年员工职业生涯发展黄金期的重视还需加强

中央推进国有企业改革，明确做强做优做大国有资本，增强国有经济竞争力、创新力、控制力、影响力、抗风险能力，培育具有全球竞争力的企业，要求国有企业完善现代企业制度、提高企业效率。青年人才队伍的建设对保证国有企业的持续健康稳定发展至关重要。随着国企改革进入"深水区"和青年员工队伍快速壮大，如何加速青年人才培养，把他们组织好、引导好、教育好、管理好，激励他们听党话、跟党走，迎难而上、勇挑重担，为企业、为国家贡献青春力量，是国企青年工作面临的现实课题。作为能源电力行业的骨干国企，国家电网将建设具有中国特色国际领先的能源互联网企业确立为长远发展战略目标。国网江苏电力承接国家电网战略，充分认识时代赋予国企的使命，建设"领头雁"人才培养体系，出台多样化管理举措，拓宽青年员工成长空间，切实提升全员能力素质，促进高层次人才不断涌现，推动电网和公司发展转型升级。因此，要引导青年员工抓住其职业生涯第一个十年的黄金时期，开展青年员工职业生涯规划辅导，通过推行青年员工跨单位跨专业跨岗位培养、"师带徒"培养、"青工技能大比武"等举措，促进青年员工成长成才。当前，在新的战略布局下，还需厚植人才引领发展优势，提升全球竞争力，向"国际领先"的更高目标迈进。

（三）青年员工创新活力、动力还需激发

国网镇江供电公司历来高度重视青年员工培养工作，坚定实施"排头兵"战略，将青年员工培养摆在事关改革发展的重要位置，积极探索人才培养管理路径，努力打造具备广博知识、精湛技能、工匠精神和职业素养的电力生力军。近年来，新入职员工较多，结合青年思想开放、教育背景良好、创新能力突出、非常自信、富有冲劲、成长意愿强烈等特质，国网镇江供电公司出台了多样化的培养和管理举措，鼓励青年员工创新、学习、成长、成才。与新形势新任务相比，传统的培养模式仍存在有待改进完善和探索提升之处。一是缺少整体规划，系统性不强。针对青年员工成长、管理的举措和项目，之前条块分割明显，缺少联系，未能实现一体化管理和统一分析，对青年员工缺少培养规划，培训资源利用率也不足。二是管理方式简单，员工成长管理停留在直觉式思考和指令式工作的被动层面，缺乏主动性的、理性的分析。三是数据资源闲置，人才成长的大量数据资源未得到有效开

发利用。完善青年员工培养体系建设，必须对人才信息数据进行科学分析挖掘，以完备的数据资源夯实人力资源管理基础，以人才数据资源支撑青年员工培养、使用、评价和激励。进一步激发青年员工的创新活力，使人尽其才、才尽其用，实现企业人力资源的科学配置，不断提升电网企业人才竞争力，为建设"强富美高"新江苏提供可持续发展的坚强职工队伍保障。

国网镇江供电公司在青年员工培养过程中不断优化管理方法，认为积分是量化、可对比的管理手段，而业绩积分又能够比较全面地反映员工的基本情况，故而将业绩积分与青年人才培养有机结合起来，有效培养青年员工成长的自主性，提高其成长速度。

二、主要做法

国网镇江供电公司建设青年员工培养体系的主要做法如图 2-1 所示。

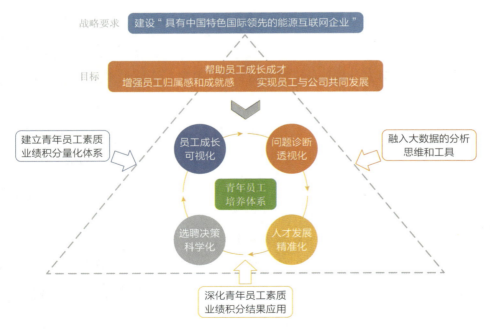

图 2-1　青年员工培养体系建设

（一）明确目标理念，统筹发展规划

国网镇江供电公司从战略高度出发，围绕国家电网战略目标的落地实施，聚焦"中国特色""国际领先""能源互联网企业"核心要义，将服务公司发展、服务员工发展作为工作出发点和落脚点，加强对青年人的培养，营造有利于青年员工成长的环境，不断提升员工能力，推进人才队伍建设。引入积分管理模式，对员工的素质能力和业绩表现进行全方位量化考核。并将以素质业绩积分为牵引的青年员工培养机制建设确定为一项具有战略性的重点任务，统筹规划、稳妥推进，全面保障企业人力资源战略目标实现。

通过素质业绩积分，形成覆盖入职年限、工作层级、部门属性、岗位性质的多维度排名，对员工职业生涯发展每个阶段进行积分评价和量化分析，全面反映员工特长优点和成长短板，评估基层单位青年员工培养状况，记录员工成长足迹，定位能力短板。在充分了解员工素质业绩情况及各种职业发展需求的基础上，结合企业发展战略配套实施多元化培养举措，引导员工加强对自身职业生涯的规划和管理。

（二）加强组织领导，强化保障机制

国网镇江供电公司按照职责定位组织成立专项工作领导小组，组建精干高效的工作机构，明确分工、落实责任，建立自上而下推进和自下而上实践相结合的运作模式。根据以素质业绩积分为牵引的青年员工培养体系建设需求，建立高效运转的组织保障机制，明确涵盖最高管理层到具体专职的工作职责与工作内容，并固化工作例会机制、协同分析机制、简报发布机制，畅通信息沟通渠道，加大资源配置力度，强化协同配合，发挥专业合力，使工作推进更加顺畅，有力保障以素质业绩积分为牵引的青年员工培养体系建设工作稳步推进、高效运转。

（三）深入调研分析，制定工作方案

为精准制定以素质业绩积分为牵引的青年员工培养体系建设实施方案，科学推进培养体系建设工作，国网镇江供电公司开展了内外部调研，为优化素质业绩积分管理模型做基础准备；同时对公司近年来培训管理中存在的问题进行全面梳理，多维度开展系统内部诊断。公司分层级、分群体多批次召开专题座谈会，研判问题，商讨对策，倾听青年员工意见，了解青年员工需求，收集青年员工建议，深入分析人才培养管理的关键影响因素，和青年员工代表共同研究对策。经过调研论证，拟定以素质业绩积分为牵引的青年员工培养体系建设实施方案，明确三年行动计划。实施方案与行动计划经内部立项研究、内部管理层讨论，得到公司领导的认可与支持。

（四）设计积分体系，搭建分析框架

青年员工素质业绩积分体系包括基本素质和工作业绩两大类，包含基本素质、履职绩效、创新课题、建章立制、著作教材、立功表现、考核处分等 18 个维度，每个维度分别设置小项，每项设置得分上限。基本素质 15 分，履职绩效 80 分，业绩类积分 170 分，总分为 265 分。

围绕青年人才培养目标，系统设计青年员工素质业绩积分模型，科学、精准、客观展示青年员工成长情况。一是建立模型和标准。设计"青年员工素质业绩评价量化积分标准表"（见表 2-1），编制《青年员工素质业绩积分材料申报要求》，明确各积分维度（见图 2-2）中不同类别、级别业绩成果具体内容、佐证方式、采集要求和不计分情况。设计基于素质业绩青年员工积分分析模型，形成科学的分析框架，并对现行积分标准提出优化建议。二是分析和挖掘数据。完成数据的提取、汇总、清洗等工作，深入对比与分析数据，利用各类数据分析工具对数据进行深度挖掘，按积分不同维度进行不同部门、不同岗位、不同层级等对比，探寻数据背后隐藏的管理差异

图 2-2　青年员工素质业绩积分维度

和人才成长规律，呈现分析结果。一方面通过青年员工成长数据累积，科学、系统、全面展示青年员工自身成长历程；另一方面通过全面、系统的数据分析，实现数据透视化，揭示各部门（单位）、各县公司及员工个人对员工成长发展、科研创新、制度规范、综合奖项等方面的重视程度与管理差距。

（五）明确实施步骤，逐年推进落实

根据三年行动计划，层层深入推进以素质业绩积分为牵引的青年员工培养体系建设，全面掌握青年员工的成长情况，鼓励青年员工全面发展。推动目标进展复盘和"回头看"的常态化，定期总结思考，不断健全完善相应的支撑机制。每年实施青年员工素质业绩积分采集，编制积分结果分析报告，查找青年员工培养的薄弱环节和相应问题，制定有针对性的积分提升和人才培养系列举措。近三年来的重点工作如下：

1.启动青年员工素质业绩积分工作

2018 年，国网镇江供电公司根据国网江苏电力职工全生涯人才培养工

表2-1 青年员工素质业绩评价量化积分标准表（部分）

编码	积分维度	最高限值	积分指标	积分说明	采集方式（要求）	积分标准	备注	人资协同平台填报路径
1-1	基本素质	15	学历	现有学历积分	线上采集（三级审核通过）	□博士（双硕士）:5 □研究生（硕士或双学位）:3 □本科:1	该项最高限值15分，超过仍按照15分计算	基础信息类—学历学位
1-2			专业技术资格	现有职称积分		□副高级（双中级职称）:5 □中级职称:3 □初级职称:1		资格证书类—专业技术资格（一般由公司统一维护）
1-3			职业技能等级（与专业工作相关，含技能等级评价）	现有技能等级积分		□高级技师（双技师）:5 □技师:3 □高级工:1		资格证书类—职业资格（一般由公司统一维护）
1-4			国家执业资格	现有执业资格积分		□一类:5 □二类:3 □三类:1		资格证书类—执业资格
2-1	履职绩效	80	绩效考核得分	根据个人年度绩效考核进行积分	人资部门统计	□A:80 □B:60 □C:50 □D:30		取上一年度绩效（由公司统一维护）

续表

编码	积分维度	最高限值	积分指标	积分说明	采集方式（要求）	积分标准	备注	人资协同平台填报路径
3-1	创新课题	15	参与重要管理课题研究、课题调研提出解决方案以及获得表彰	获得网公司级（含省公司级及以上，下同）表彰	线上采集（三级审核通过）	□第一完成人：15 □前20%完成人：12 □前20%～前50%完成人：9 □其他完成人：3	特等奖、一等奖按100%计分，二等奖按90%计分，三等奖按70%计分，同一项成果获多项奖励，以最高级别计分，不重复计算	专业技术业绩信息类一成果获奖一成果类别（选择）：管理创新、各专业奖、典型经验）
3-2				获得地市公司级表彰		□第一完成人：5 □前20%完成人：3 □前20%～前50%完成人：2 □其他完成人：0.5		
3-3				参与公司级及以上年度立项管理课题研究工作并有成果	线上采集（三级审核通过），单项不超过5分	□第一完成人：2 □前20%完成人：1.5 □前20%～前50%完成人：1 □其他完成人：0		专业技术课题研究一课题来源（填写）：创新课题）

续表

编码	积分维度	最高限值	积分指标	积分说明	采集方式（要求）	积分标准	备注	人资协同平台填报路径
4-1	技术创新	15	参与科技创新、技术创新、技术改造等项目立项研究、实施工作以及获得表彰	获得网省公司级表彰	线上采集（三级审核通过）	□第一完成人：15 □前20%完成人：12 □前20%~前50%完成人：9 □其他完成人：3	特等奖、一等奖按100%计分，二等奖按90%计分，三等奖按70%计分，同一项成果获多项奖励，以最高级别计分，不重复计算	专业技术业绩信息类—成果获奖—成果类别（选择：科技创新、专利奖）
4-2				获得地市公司级表彰	线上采集（三级审核通过）	□第一完成人：5 □前20%完成人：3 □前20%~前50%完成人：2 □其他完成人：0.5		
4-3				参与市公司级及以上技术创新项目实施并通过项目验收	线上采集（三级审核通过），两项合计不超过5分	□第一完成人：3 □前20%完成人：2 □前20%~前50%完成人：1 □其他完成人：0		专业技术业绩信息类—课题研究—课题来源[填写：技术创新（验收）]
4-4				参与市公司级及以上技术创新项目立项可行性研究目立项通过		□第一完成人：3 □前20%完成人：2 □前20%~前50%完成人：1 □其他完成人：0		专业技术业绩信息类—课题研究—课题来源[填写：技术创新（立项）]

续表

编码	积分维度	最高限值	积分指标	积分说明	采集方式（要求）	积分标准	备注	人资协同平台填报路径
5-1	技艺革新	10	QC、职工技术创新、针对设计难点的专题研究报告、合理化建议取得成果及获得表彰	获得网省公司级表彰	线上采集（三级审核通过）	□第一完成人：10 □前20%完成人：8 □前20%~前50%完成人：6 □其他完成人：2	特等奖、一等奖按100%计分，二等奖按90%计分，三等奖按70%计分，同一项成果获多项奖励，以最高级别计分，不重复计算	优秀设计、优质工程、优秀审计项目等专业维护在专业技术业绩类一成果获奖一成果类别（选择：优秀调研成果）、QC成果奖、职工技术创新奖、优秀成果奖、合理化建议奖等技术业绩信息在专业技术业绩信息类一五小创新
5-2				获得地市公司级表彰		□第一完成人：4 □前20%完成人：3 □前20%~前50%完成人：2 □其他完成人：0.5		
5-3				参与市公司级及以上年度立项革新项目并有成果	线上采集（三级审核通过），单项不超过3分	□第一完成人：1.5 □前20%完成人：1 □前20%~前50%完成人：0.5 □其他完成人：0		专业技术业绩信息类一课题研究一课题来源（填写：技艺革新）

作思路，以国网江苏电力积分管理制度与框架为依据，结合进阶式人才培养体系，制定《青年员工素质业绩积分管理办法》，统筹发布涵盖 18 大类、67 小项的青年员工素质业绩评价量化积分标准。积分内容包括基本素质和工作业绩两部分。基本素质主要包括学历、专业技术资格、职业技能等级和国家执业资格等方面。工作业绩则包括履职绩效、创新课题、技术创新、技艺革新、建章立制、标准规程、作业工艺、论文发表、著作教材、授权专利、人才培养、个人荣誉、技能竞赛、学习培训、交流锻炼、立功表现、考核处分等 17 个方面。全面覆盖素质、履职、创新、表现等各个维度，形成青年员工素质业绩评价量化积分体系。

围绕青年员工的素质、履职、创新与表现等维度进行积分管理，通过量化积分和多维度排名，全面清晰地反映员工的能力水平、特长优点和成长短板，评估各部门青年员工的培养发展状况。结合人才梯队建设和青年员工测评，从员工培养状况、个人成长情况等方面进行分析，累积青年人才大数据，为青年员工培养体系建设夯实基础。

2. 优化青年员工素质业绩评价量化积分体系

2019 年，为提升青年员工素质业绩积分评价工作质量和效果，在 2018 年实践的基础上，国网镇江供电公司对积分体系和管理工作进行完善和优化，进一步明确青年员工素质业绩积分采集要求。一是扩大实施范围。将原先的"35 周岁及以下全日制本科及以上学历员工必须参加"提升至"40 周岁及以下全日制本科及以上学历员工必须参加"。二是修订积分标准。修订"青年员工素质业绩评价量化积分标准表"，对工作业绩包含的内容进行修订，对积分指标进行更为明确的描述，对部分积分指标界定最高限值。三是明确采集方式。采取线上采集、线下采集和人资部统计三种采集方式，个人申报且可通过人资协同平台三级审核的一律采用线上采集，单位（个人）申报但无法使用人资协同平台采集的采用线下采集。人资部掌握相关数据的采用人资部统计的方式。四是编制申报要求。编制《青年员工素质业绩积分材料申报要求》，对每项积分指标中不同类别、级别业绩成果具体内容、佐证方式、采集要求和不计分情况进行了明确。五是严肃申报纪律。青年员工签订承诺书，对申报材料的真实性、准确性负责。申报结束后，所有业绩成果申报材料公示 5 个工作日。人资部组织材料抽查，对提交不准确、不规范的材料要求整改。

3. 搭建青年员工素质业绩积分管理平台

2020 年初，国网镇江供电公司定制化搭建积分管理平台（见表 2-2），精准对接人力资源信息系统中各类素质业绩成果，个性化提供自定义积分项，进行外部积分事项导入，实现业绩公示、积分计算、图表展示等多重功能，智能、高效地为积分体系提供支撑，满足青年员工人才队伍建设的需要。

表 2-2　积分管理平台主要功能

功能模块	功能描述
积分配置	根据青年员工素质业绩积分评价标准，进行积分计算模型的配置。
人员管理	维护参与业绩积分计算的人员范围。可以通过下载模板并进行线下维护后批量导入人员清单。
业绩维护	主要是对履职绩效、考评员督导员、师带徒、集训、综合培训、挂职锻炼、跨岗交流、立功表现、考核处分、著作教材、加减分项共计 11 项线下采集的业绩数据的维护，可批量导入。
员工承诺书	员工就所维护的业绩数据的真实性签署承诺书及承诺书管理。
业绩公示	主要对前端业绩公示数据的公示批次、公示数据年度、公示期进行维护管理。
举报管理	对业绩公示中的举报信息进行处理，确认举报信息的真实性。
积分管理	主要提供员工积分的后台统一查询功能，可进行积分和业绩的导出，点击人员姓名可查看该员工的积分详情信息。
积分分析	对员工素质业绩积分结果进行科学分析。
积分概览	主要展示公司各部门的积分对比情况，各业绩类别的平均积分值，积分排名前十员工信息，可以按照培养期、部门属性、岗位维度过滤展示。

4. 推进青年员工培训和素质业绩评价方案策划

2020年，国网镇江供电公司基于两年的素质业绩评价管理及分析经验，进一步推进青年员工培训及素质业绩评价方案策划。一方面，以信息化平台扩展数据分析的深度和广度，从公司、部门、个人三个层面全面展示青年员工的发展现状；同时，扩大对公司不同青年员工素质业绩进行对比分析的维度。从时间（发展周期）、空间（所处部门）、角色（专业、岗位、岗位层级）、发展项（具体指标）等多个角度进行人才的比较，满足公司在不同场景下对人才分析的需求，并总结人才成长规律，结合现有人才数据，动态预测人才发展趋势，为人才发展提供基础支撑；最后，通过"定线—分析—提建议"三步举措，探索研究青年员工不同职业生涯发展路径，提出个性化培养举措，细化人才发展措施，开展具有针对性的青年员工成长培养计划。另一方面，对青年员工素质业绩定制化工具进行优化开发，通过三层次分析实现"高层看得清全局，中层管得好队伍，个人看得到发展"的目标。通过性格测试和胜任力问卷调查结果管理，实现对员工个人性格、工作压力的分析；同时，对与人资同步的数据接口进行改造，实现从数据集市接入人资数据；并实现对员工分析报告模板的配置管理，依据报告配置及员工积分情况自动生成员工分析报告。

（六）分析积分数据，揭示现状问题

国网镇江供电公司开展青年员工素质业绩积分数据分析工作，基于量化积分，围绕素质、履职、创新、表现等各个方面，并结合性格测评、能力测试结果，评估各部门青年员工的培养发展状况，以全面反映员工成长短板和特长优点，便于对员工进行有针对性的培养和提升，为公司人才开发提供有力支撑，助力公司高质量发展。

1. 青年员工积分整体情况分析

2019 年参加积分与测评的人员覆盖各县（市）供电公司，本部各职能部室、业务支撑及实施机构和产业单位，年龄跨度在 25~40 岁区间，共计 538 名青工，其中本部 317 人（职能部室 51 人，业务支撑及实施机构 229 人，产业单位 37 人），丹阳公司 91 人，句容公司 70 人，扬中公司 60 人，见图 2-3。

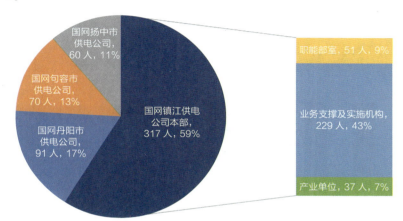

图 2-3　2019 年青年员工积分参与情况

国网镇江供电公司对青年员工培养体系整体情况进行分析，对比素质业绩积分中各项指标得分情况，结合特征测评结果，了解员工工作表现和部门人才培养情况，明确工作提升重点。从工作层级来看，可分为市公司和县公司，将市、县公司的素质业绩积分和各单项指标进行对比。从部门属性来看，可分为职能部室、业务支撑及实施机构、县公司和产业单位，将各部门属性的素质业绩积分和各单项指标进行对比，并统计出多重维度排名前 20% 和后 20% 的人数。从岗位性质来看，可分为管理类、技术类、技能类，将各岗位性质的素质业绩积分和各单项指标进行对比，并重点对比各岗位性质多重维度排名前 20% 和后 20% 员工的各单项指标。从培养期来看，可分为入行期、成长期、成熟期和成才期，将各培养期的素质业绩积分和各单项指标进行对比，并重点对比成才期各年龄员工的素质业绩积分以及成才期 32 周岁以上员工的各单项指标，同时对生产、营销专业各部门及县公司分别进行培养期对比分析。具体示例见图 2-4。从相关性来看，采用描述统计法与相关系数法分析青年员工各指标之间的相关关系，对工作业绩积分与性格类型、压力状态以及学习培训进行相关性分析，分别对非工作业绩积分与履职绩效、排名段位与态度指标、岗位性质与工作取向、竞赛获奖与能力系数、创新积分与能力系数进行相关性分析，从而确定影响员工工作状态的原因。

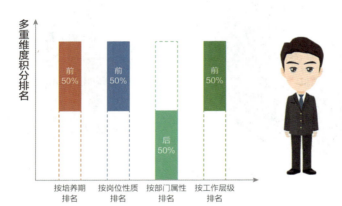

图 2-4　多重维度积分排名示例

2. 青年员工个人成长情况分析

国网镇江供电公司基于入行期、成长期、成熟期和成才期四个阶段对处于不同培养期的员工个人成长情况进行分析。以各个培养期多重维度排名前 20% 和后 20% 的员工为代表，详细罗列出各名员工的基本素质积分、工作业绩积分以及素质业绩积分，并将 2019 年多重维度排名与 2018 年多重维度排名进行对比分析，具体探究个人成长特点与积分发展趋势，将积分管理落实到员工个人。同时，基于对各个培养期员工成长情况的分析，国网镇江供电公司对青年员工进行人才九宫格盘点（见图 2-5）：将基本素质、论文发表、学习培训等 7 个积分维度作为能力储备；将履职绩效、创新课题、技艺革新等 10 个积分维度作为显性业绩。以能力储备为纵轴，以显性业绩为横轴，绘制人才九宫格，将青年员工划分到不同人才宫格中，明确青年员工的能力与业绩情况，从而更好地对不同类别人才进行差异化培养、使用和激励。

图 2-5　人才九宫格

三、实施成效

（一）员工成长引领作用加强，队伍素质提高

以素质业绩积分为牵引的青年人才培养体系建立以来，国网镇江供电

公司青年员工队伍面貌焕然一新，综合素质显著提高。2019 年，公司通过素质业绩积分分析发现存在实践应用程度低、员工发展不平衡、职业发展缺乏引导等问题，于是针对这些问题在青年人才培养过程中进行改善。随着不断优化实践，素质业绩积分数据更加完备、清晰，分析更加深入、科学，对公司管理和员工指引有更明显的效果，各单位积分引领员工成长的作用不断加强。

（1）员工成长得到智慧引领。基层单位重视程度显著提升。各单位积极宣传贯彻积分工作，加强政策和规则的解读，围绕积分体系，给青年员工"分任务、压担子"，实现部门工作业绩与青年员工积分紧密结合，以及对青年员工成长的支撑和引导。同时，通过发布优秀部门（单位）人才培养典型经验、挖掘人才开发管理特色和优秀做法、举办交流座谈等方式，各部门的思路得以拓宽，人才培养实效显著提升。

（2）后进青年得到帮扶督促。公司通过指导两年排名靠后和排名下跌明显的部门（单位）以及组织基层单位召开专题分析会，指导积分排名靠后的青年员工，与多重维度排名后 20% 的员工谈心谈话，使员工清楚发现问题原因，引导其认识自身存在的不足，使员工明确提升的目标和方向。针对连续两年排名靠后的青年员工，通过部门制定专项提升方案，实施月度跟踪考核，有效督促员工自学自省和自我加压。

（3）青年员工成长得到勉励。公司通过在公司主页、微信公众号等平台放榜表彰在各个培养期排前 20% 的青年员工，让先进个人"亮身份、亮积分、亮排名"（见图 2-6），使优秀青年员工的标杆作用充分发挥，激发员工成长动力。公司还通过给优秀青年员工家庭寄一封"慰问信"，表彰业绩成果，介绍公司工作，感谢家庭的关心和付出，对青年员工成长进行勉励。

图2-6　在微信平台公示排名

（二）企业人才制度更加科学有效

（1）实现"能上能下"。通过推动青年员工多岗位交流实践，使青年员工参与挂职锻炼、人才帮扶；试点实施成才期多重维度排名后20%的员工内部交流换岗，岗级"能上能下"和岗位"能进能出"得以实现，激发了员工的成长动力。

（2）岗位晋升和人才选拔科学可靠。通过让多重维度排名前20%的员工优先进入优秀年轻梯队人才队伍和专家选聘考察，在公开招聘中同等条件下优先聘用，以及原则上取消多重维度排名后50%的员工在下一年度参与岗位晋升、人才选拔、评优评先的权利，使积分结果应用得到加强，岗位晋升和人才选拔更加科学可靠。

（3）积分与人才应用紧密结合。在公司优秀梯队人才中，63%的人素质业绩积分排在前20%。2020年以来新提拔人员素质业绩积分均排在前50%，其中78%的人排在前20%；2020年以来晋岗升薪的管理（技术）岗位人员中，56%的人素质业绩积分排在前20%，6人因排在后50%被取消晋岗升薪资格。

（三）企业创新实力和员工创新动力提升

（1）企业创新成果转化速度加快。人才培养效果提升，青年员工争先向上氛围渐浓，企业创新成果转化速度加快。2019 年，青年员工各项业绩指标得分较上一年提升 74%，平均积分增长 32%，获得网省公司级科技、管理创新奖项人数增长 15%，3 人获得国家电网、国网华东分部技能竞赛优秀名次。

（2）激发员工创新动力。公司通过素质业绩积分分析发现内部存在培养机制不完善的问题，而青年员工培养体系的建设促进培养机制不断完善，助力员工成长。"青工技能大比武"等竞赛的开展，使青年员工的才能得以发挥，为其展露才华提供了舞台。另外，通过开展覆盖青年员工成长各个阶段的"起跑线"训练营、"成长储能站"、"职工夜校"云课堂、潜力骨干培训班等各类成长"充电"项目，培育了工匠精神，拓展了创新思维，提升了综合素养，做好核心骨干人才储备。公司充分利用业余时间，使青年员工的办公技能、思维技巧、承压能力和职场情商得到提升。

（3）企业广泛获得社会认可。服务社会是电力企业的重要责任，以素质业绩积分为牵引的青年人才培养体系建立以来，国网镇江供电公司的管理水平不断迈上新台阶，创新实力不断增强，服务社会的效率和质量日益提升，先后荣获江苏省基层党委中心组学习先进集体、江苏省思想政治工作优秀企业、江苏省文明单位标兵、江苏省用户满意服务企业、国网江苏电力文明单位标兵、国网江苏电力"四好"领导班子等荣誉称号，员工方美芳光荣当选党的十九大代表、敬业奉献类"中国好人"。

四、启示和思考

（一）员工培养需要从驱动走向拉动

青年员工具有较强的学习能力，激发其内生动力是青年员工培养的关键。只有当青年员工具有强烈的学习意愿、明确的学习目标，组织搭建培养平台、给予资源时，才能实现良好的培养成效。促使青年员工将企业发展需要、个人发展需要结合起来，以此拉动组织来给予支持，能够有效提升青年员工培养质效。

（二）员工培养需要引入大数据手段

当前，数据已成为一种重要的生产要素。在各项工作中，数据价值的挖掘变得越来越重要，员工培养工作也是如此。长期积淀下来的数据，通过大数据技术可用于提高青年员工培养的精准性，这是下一步的工作重点之一。

（三）员工培养需要加强过程指导

积分不仅是培养结果管理的重要方式，更是培养过程管理的重要方式。积分折射出的问题，必须在培养过程中加以解决，把积分作为青年员工培养各环节的显性化呈现，逐个击破培养中的难点、痛点，提升培养成效。

省级电网企业以多维度、高信效、智能化为特点的管理人员能力素质评价体系建设 *

国网江苏省电力有限公司管理培训中心

（中共国网江苏省电力有限公司委员会党校）

引言： 如何把管理这一"软能力"化为评价和选拔管理人员的"硬指标"？如何不断发展管理这一"软能力"，以支撑公司战略运营的"硬绩效"？国网江苏电力全域配置能力素质测评，全覆盖九类管理人员评价标准，全贯通"冰山上下"能力维度，实现管理人员能力素质全画像。

摘要： 国家电网建设具有中国特色国际领先的能源互联网企业战略目标对管理人才队伍建设的速度、力度和能力提出了全新要求，亟须加快培养一批政治素质高、成就动能足、创新能力强、综合素养全的管理人员。国网江苏省电力有限公司管理培训中心（以下简称"国网江苏管培中心"）以管理人员能力素质为抓手，以满足管理人员队伍精准画像、全域配置、职

---

* 该案例获评第二十八届江苏省企业管理现代化创新成果一等奖。

业发展需要为目标，构建了集"标准、工具、应用、平台、数据"五项功能为一体的素质评价体系。评价体系以"多维度、高信效、智能化"为特点，在对管理人员进行实测、评价、诊断、分析的基础上，实现对选拔、搭配、考评、发展的辅助支撑，为保障人才队伍梯次供给的质效提供了动态支撑，有效提高了管理人员选拔精准度和培养有效性。

一、背景和问题

（一）管理人员选任机制尚需完善

党的十九大提出，人才是实现民族振兴、赢得国际竞争主动的战略资源。习近平总书记强调，要发挥好人才评价"指挥棒"作用，为人才发挥作用、施展才华提供更加广阔的天地。中共中央办公厅、国务院办公厅《关于分类推进人才评价机制改革的指导意见》提出，要突出讲担当、看作为、比贡献，坚持专业化和基层导向，进一步拓展来源、优化结构、改进方式、提高质量，健全"育选管用"全链条管理机制，干部队伍的底盘还需进一步加强对客观规律的遵循，逐级夯实。

国网江苏电力一贯重视管理人员选任，并持续改进，但仍存在提升空间。人员"育选管用"与公司业务发展、队伍结构优化和干部职业发展统筹考虑还需完善。为此，必须遵循干部队伍建设客观规律，引入科学精准的手段，对标准体系、识别体系、发展体系等各个维度进行一体化打造，才能建设数量充足、结构合理、有机衔接、素质优良、充满活力的优秀管理人员队伍，打造优秀管理人员不断涌现的人才供应链，建立具有中国特色国际领先的能源互联网企业人才高地。

（二）管理人才队伍建设尚需加强

落实国家电网建设具有中国特色国际领先的能源互联网企业战略要求，需要一批政治素质高、成就动能足、创新能力强、综合素养全的管理人员作为支撑。管理人员的选拔精准度和培养有效性，直接关系到管理人才队伍梯次供给的质效。在国家电网战略部署下，国网江苏电力管理人才队伍建设显现出以下不足：一是管理人员培养体系相对独立，与其他专业联动不足；二是培训开放性不强，考评尚未做到准确翔实，培养内容与员工发展需求匹配度不高，难以实现员工能力与绩效持续提升；三是测评技术相对单一，评价机制不够完善，导致所选用人员的能力与岗位要求之间匹配度不高，难以实现精准识别与人岗动态相宜。近年来，国网江苏电力在管理人才队伍建设上真重视真投入，于2017年设立了领导力评鉴中心，深入推进实施管理人员的能力评价和盘点工作，构建了管理人员能力素质评价体系，并在原有基础体系上升维，不断扩大对象覆盖面，加强"测评诊析"一体化融合，使得对管理人员的"实测"更有依据、"评价"更有标准、"诊断"更有效度、"分析"更加精准。

（三）管理人才队伍数智化应用尚需升级

数字是产业互联时代的核心资源，人才是最宝贵的资产。企业管理向数字化、智慧化方向迅猛发展，对人才管理而言既是挑战也是机遇。近年来，国网江苏电力在人力资源管理信息化平台建设上逐步实现数字化管理，但受职能分工的影响，管理人员培养、测评的各环节分散在多个不同的信息系统中，数据共享、同步集成和动态更新等方面制约了人力资源管理水平和效率的进一步提升。为解决这一问题，需要细化建设管理人员全贯通的能力素质评价体系，建立同中有异、异中求同的管理人员分类能力素质标准，匹配多样化的测评工具，衍生出适用于多种管理人员使用、培养、评价的应用场景。

通过构建可导入在线测评、学习发展、综合分析等大数据智慧化管理的相应平台，动态精准地锁定管理人员能力短板，找准"差距"地带，以突出强势、补强短板，为管理人员能力培训策划提供指引。国网江苏电力管理人员数字中台目前已初具雏形，有效提升了管理人员培训的投入产出比和目标精准度。

二、主要做法

（一）进行顶层设计，明确思路目标

1. 管理人员能力素质评价体系建设总体思路

按照战略导向、适度前瞻、密联业务、实用实效原则，构建"围绕一个目标、注重三个结合、筑牢三个支柱、夯实三个支撑"的总体架构（见图 3-1），在具体实践中将管理人员分为新任管理人员、管理专职、班组长、供电所长、年轻骨干、新任四级领导人员、优秀四级领导人员、专家后备、专家等九类管理人员，从确定评价指标入手，通过岗位分析对完成岗位工作目标必备能力进行提炼，得出各岗位核心素质能力项，分类构建和实施

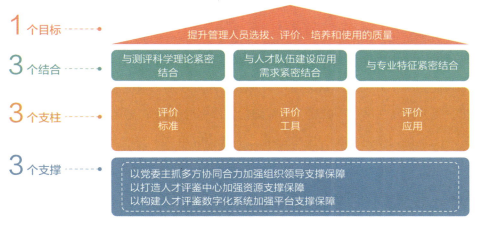

1个目标 ········· 提升管理人员选拔、评价、培养和使用的质量

3个结合 ········· 与测评科学理论紧密结合 ｜ 与人才队伍建设应用需求紧密结合 ｜ 与专业特征紧密结合

3个支柱 ········· 评价标准 ｜ 评价工具 ｜ 评价应用

3个支撑 ········· 以党委主抓多方协同合力加强组织领导支撑保障
以打造人才评鉴中心加强资源支撑保障
以构建人才评鉴数字化系统加强平台支撑保障

图 3-1 管理人员能力素质评价体系建设架构

集"标准、工具、应用、平台、数据"五项核心功能为一体的能力素质评价体系，实现对管理人员的多维度、高信效、智能化评价。

在此基础上，进一步提高国网江苏电力管理人员的选拔精准度和培养有效性，提升管理人才队伍梯次供给的质效，推动数字化人才管理，有效助力政治素质高、成就动能足、创新能力强、综合素养全的管理人才脱颖而出。

2. 管理人员能力素质评价体系建设实施路径

围绕总体规划目标，通过"注重三个结合、筑牢三个支柱"落实体系建设。

（1）确保精准科学，注重理论、实效和专业特征三个结合。

一是与测评科学理论紧密结合。 基于霍根、麦克利兰等的组织行为心理学、特质心理学理论，以及组织、岗位、人岗匹配的胜任力理论等研究基础，构建画像精准、选拔精确、发展高效、适配得当的能力素质评价标准和测评工具。**二是与人才队伍建设应用需求紧密结合。** 注重成果实效，着力解决管理人才队伍基于能力和潜力的人岗匹配判断和识别尚不精准、对管理群体能力素质的评价和画像尚不全面、对管理人员分布和组合的均衡适配水平掌握尚不深入等客观存在的问题。**三是与专业特征紧密结合。** 精准匹配岗位特征，为有效应对电力体制改革、业务模式调整、角色任务变化快、能力复合要求高等需求，在各类别重点素质的评价标准体系上，围绕各类管理人员不可或缺的能力、本群体显著区别于其他群体的能力、由本层级向更高层级进阶的储备能力三个方面来重点建模，提高管理人员评鉴对象应用的细分度和结合度，提升建立在岗位颗粒度上的精细化评价标准和测评应用水平。

（2）确保实施有力，筑牢标准、工具和应用三个支柱。

一是评价标准支柱。 实现能力素质评价标准对九类管理人员的全覆盖。以"一类一标"为目标，精细构建能力素质评价标准。**二是评价工具支柱。** 丰富实施能力素质评价的全类别工具；定制开发和整合优化相结合，与管理人员"测评诊析"环节一体化融合，丰富、完善分类测评工具和题库，促进能力素质全贯通应用。**三是评价应用支柱**。构建大数据智慧化管理系统，提供信息化平台支撑管理人员能力评价、能力盘点、能力诊断和分析报告导出应用的长效运行，为管理人员选拔、适配、考评、能力发展提供动态支持。

3. 管理人员能力素质评价体系建设支撑保障

（1）夯实组织领导支撑。

从 2017 年起，国网江苏电力将电网企业全覆盖全贯通的管理人员能力素质管理体系建设列为党委重点工作，由党委组织部、人力资源部牵头，有力推进工作的开展。建立跨专业协同工作机制，及时共享必要信息，在推动过程中建立了横向协同机制，组建省级电网公司、地市级供电公司、业务支撑及实施机构组织人事专家柔性团队，建立专项工作组开展研究，引入组织人事和人才评鉴领域资深专家，借鉴系统内外先进经验，连续 5 年持续构建、实施和迭代优化。

（2）充实实体运作支撑。

国网江苏电力在国网江苏管培中心成立了领导力评鉴中心，明确了组织机构、团队和工作机制，确立了建设目标，为国网江苏电力管理人才队伍建设提供评鉴技术和资源支持。高度贴合国网江苏电力业务实际，开发了各层级管理人员测评题库，确立了支撑测评活动实施的流程、制度、规范。通过管理人员能力素质评价体系的使用，在领导人员选拔任用、后备领导人员及青年储备人才遴选、管理岗位竞聘、管理人才培训培养、职业生涯发展、人才能力档案管理等方面发挥科学参谋作用，显著提升管理人才队伍建设效率效能，降低选人用人失误风险。

（3）加强数字化平台支撑。

领导力评鉴中心整合管理人员能力素质评价数据，采用智能化人才数据分析方法，完善领导人员人事智能决策系统，对九类管理人员进行个人综合素质、团队结构、团队成员综合素质等多维实时分析，实现国网江苏电力管理人才队伍管理数据化、可视化、智能化，为高效的领导人员决策提供支持，初步建成国网江苏电力领导人员人事数字化管理中台分析系统。

（二）构建能力素质模型，实现评价标准全覆盖

1.分步推导能力素质要点

结合国网江苏电力管理人员岗位特征，从人力资源配置和员工岗位匹配实际出发，全方位掌握管理人员结构分布，导出关键能力素质。通过BSA[①]战略解码的基本逻辑，明确战略规划，对外部行业环境和内部资源能力做到清晰认知；通过对国家电网的使命、愿景、中长期战略和年度策略目标的分解，提炼需要持续打造的核心能力和策略行动；通过对企业文化、核心价值观、组织和团队存在潜／亚文化的识别，以及对各级管理者的管理任务、职能定位和关键任务的区分，总结各类专业人才具备的基本素质，提炼不同管理层次的差异化要求，挖掘各类专业人才所需的独特能力和岗位提升的关键要素，确定完成任务所需的能力素质。

2.协同共创能力素质构面

在推进过程中，面对管理人员岗位特征差异大、工作内容迭代快等实际困难，引入团队共创工作坊、卡片建模工作坊等敏捷建模方式，与战略文化演绎、素质萃取等经典建模手段相结合，有效解决了难题。围绕目标构建，筛选200余位不同职级、不同专业的管理人员，通过在线问卷调研的方式，运用因素分析、结构方程等技术对通用能力进行了信度和效度检验。选取70余位员工进行了235人次关键事件访谈，组织了15场129人次建模，萃取了关键能力要素79项，经频次分析、重要性分析和验证后，确定了"通用能力＋横向专业能力＋纵向专业能力"相结合的能力模型。模型突出关

---

① BSA（best strategy analysis）是基于IBM著名的BLM业务领先模型，实现对组织战略解析和落地执行的管理方法和工具。

注个性、动机、价值观等内容，将优秀胜任力素质、再成长意愿和贡献度相结合，兼顾任职风险和偏离风险，有效识别性格中的风险因素。

3. 分类构建能力素质模型

通过素质要点提炼和构面打造，对管理人员相应的能力素质提出要求；结合每一类管理人员的特性，归纳相应类别具有共性的工作思路，形成了"三型九类"能力素质模型，实现能力素质标准全贯通。

（1）基层管理型。

从管理思维开拓与岗位素质提升两个维度出发，包括新任管理人员、管理专职、班组长、供电所长4类人员的能力模型，见图3-2。针对新任管理人员，主要包括问题分析与解决、跨部门沟通、管理业务和管理自我等6项一级指标，以及对应的17项二级指标。针对管理专职，在管理思维开拓方面，则要求能够理解行业趋势；在岗位素质方面，不仅要求管理自我，还需要具备管理团队的能力。针对班组长，在岗位素质上侧重于班组的目标激励管理、生产安全管理、对班组成员的辅导与激励。对于管理范围更大的供电所长来说，更需要侧重于管理团队的相应能力建设。

图 3-2　基层管理型能力素质模型集成

（2）专业管理型。

从视野拓展、价值创造、效能提升三个维度出发，包括专家与专家后备两类人员的能力模型，见图3-3。对于专家后备人员，要求其在视野拓展方面具有战略理解与系统思维能力；在价值创造方面，要求其具有创新思维以及经验萃取能力。专家群体则需具备洞察行业发展趋势的能力。

图 3-3　专业管理型能力素质模型集成

（3）新任与后备管理型。

从视野全局、创新实践、组织协调、团队激励四个维度构建能力模型，包括年轻骨干、新任四级领导人员、优秀四级领导人员三类人员，见图3-4。

图 3-4　新任与后备管理型能力素质模型

新任四级领导人员需要在组织协调上进行统筹规划，协调推进各项工作的开展。优秀四级领导人员相较于一般四级领导人员，需要着眼于全局思考与工作执行，并在团队激励中凝聚人心。

（三）整合匹配测评工具，提高能力测评精准度

九类管理人员能力测评维度及测评方式见图3-5。

图 3-5　九类管理人员能力测评工具精准匹配

1. 定制专注于行为塑造和改变的测评工具

关注九类管理人员在国网江苏电力独特工作场景中所表现出的行为、能力，对接能力素质模型可衡量的能力素质指标，定制开发和迭代管理场景化测评工具。根据对不同管理人员的评估需要，综合采用角色扮演、公文筐、结构化面试、无领导小组讨论等测评手段，开发场景化测评题本和量表共计45套（见表3-1），年迭代率达78%。测评手段的组合应用达到了评价中

心的专业高度，满足了国网江苏电力对各层各级管理人员，尤其是年轻骨干、新任四级领导人员、优秀四级领导人员三个重点群体的年度测评需要，帮助国网江苏电力量化分析和评估管理人才队伍优势和差距，提高管理人员的任用、培训与发展效能。

表 3-1　管理人员能力素质测评场景化测评手段

类别		情境应用工具	线上测评	无领导小组讨论	结构化面试
内容和数量		多任务并行的复杂局面 1 套	管理岗位胜任能力量表测评工具 1 套	复杂形势协调沟通 1 套	驱动变革 1 组
		同级的困难交流 2 套	管理岗位情绪健康与稳定性测评 1 套	无指令情况下的紧急决策 1 套	真抓实干 1 组
		下级的困难对话 4 套	管理岗位大五领导力风格测评 9 套	前瞻性思维质量 1 套	坚持原则 1 组
		影响用户和客户 1 套	管理岗位压力程度测试 1 套	—	大局意识 1 组
		激励下属完成紧迫性任务 3 套	—	—	专业技能 1 组
		信息缺失形成正确判断 1 套	—	—	
备注		结合国网江苏电力实际工作情境，作为案例应用于各题本的开发	题本 3 套	题本 3 套	题本 7 套

2. 丰富专注于管理角色履职技能的测评工具

为贴近电网企业工作实际场景，国网江苏电力按照计划、组织、控制和领导管理技能四大维度，开发并更新测评题库。其中计划管理维度被细分为战略理解与执行、目标制定、资源规划、时间管理等四个模块，囊括战略理解、战略执行、商业敏锐度、制订计划、结果导向、鼓励参与、轻重缓急、资源配置、时间监控、时间观念、时间效率等方面 800 多道测评题目；组织管理维度包括任务管理、授权管理、团队管理等模块，细化设置任务分配、合理分配、交代任务、分工授权、识人用人、权责分配、团队合作、冲突管理、团队搭配等方面1 200多道测评题目；领导管理维度被细分为决策判断、激励推动、能力辅导、人际理解与沟通、关系管理等五大模块，配备信息分析、风险意识、方案评估、激励他人、愿景激励、培养辅导、任务指导、赢取信任、沟通表达、说服影响、关系建立、聆听他人等方面1 500多道测评题目；控制管理维度在监查反馈、应对调控、绩效管理等三个模块下，储备了分析能力、问题解决、反馈技巧、突发应对、抗压能力、考核方法、绩效沟通、指标管理等技能环节近2 000道测评题目。

3. 整合专注于人格相对稳定部分的测评工具

关注管理人员相对稳定的人格特质、价值观、驱动力等方面的心理因素，确定了包括个性特质、思维模式、管理风格、偏离风险、动机和忠诚度在内的最具影响力的六项因素，并为关键因素逐项配置了心理量表测评工具。在个性特质这一维度上，配置了职业性格测评工具，评估被测评者在具体岗位上的管理潜能，提高管理人员适配成功率；思维模式选用了思维策略测评，通过评估管理人员的思维推理水平，可以有效预测个体未来的工作绩效，提高人员选拔的准确度；管理风格测评工具评估管理人员试图影响他人行为时所表现出来的固定行为模式，用以预判不同管理者的领导行为；偏离风险采用了任职风险测评，用以预测相关管理人员在任职期间的脱轨因素及其影响；动机测评应用职业锚工具，判断管理人员价值观，帮助组织优化对管理人员的职业生涯管理；忠诚度测评挖掘影响管理人员敬业乐业的核心因素，是企业从"人心"的视角探索组织管理提升的有效工具。

六种测评工具包含了1 899道测评题目，从管理者的底层动机和性格因素出发，依据不同的管理角色，通过评价、诊断、分析，生成相应的管理人员画像，为人员选拔、适配、发展的精准有效提供科学建议。

4. 匹配专注于九类管理人员能力素质的测评工具

针对不同类型的管理人员，依据群体个性化的能力素质要求，差异化匹配相应的测评工具。其中，性格（职业性格）、智力（思维策略）和技能（管理技能）三类工具为必选项，见表3-2。在其他可选项中，推荐有管理职责的群体进行管理风格测评，比如班组长、供电所长、新任四级领导人员和优秀四级领导人员。推荐年轻或经验尚不丰富的管理者进行职业锚测评，帮助他们建立对自我职业倾向的认知，如新任管理人员和管理专职。

表 3-2 管理人员能力素质测评工具

	职业性格（必选）	思维策略（必选）	管理技能（必选）	管理风格	偏离因素	职业锚	组织忠诚度
新任管理人员	√	√	√	可选	可选	√	可选
管理专职	√	√	√	可选	可选	√	可选
班组长	√	√	√	√	可选	可选	可选
供电所长	√	√	√	√	可选	可选	可选
专家后备	√	√	√	可选	可选	可选	可选
专家	√	√	√	可选	可选	可选	可选
年轻骨干	√	√	√	可选	可选	可选	可选
新任四级领导人员	√	√	√	√	可选	可选	可选
优秀四级领导人员	√	√	√	√	可选	可选	可选

（四）推进评价实施应用，融入领导人员队伍建设环节

1. 能力测评融入领导人员培养发展

连续4年对优秀四级领导人员培训班、年轻骨干培训班、新任管理人员培训班等进行了实测应用，累计实施新任管理人员线上测评388人次，管

理专职线上测评 301 人次，班组长线上测评 392 人次，供电所长线上测评 127 人次，专家后备线上测评 255 人次，专家线上测评 164 人次，年轻骨干线上线下测评 251 人次，新任四级领导人员线上测评 286 人次，优秀四级领导人员线上线下测评 178 人次。

为满足能力素质全面画像要求，增强测评结果的可读性，结构化设计了不同的测评报告。针对测评者个人，依据管理人员能力模型，判断管理人员目前处于待发展、中等还是优秀水平，同时提供管理技能细节表现及培养发展建议。针对被测团体，分析整体的管理能力、管理技能及职业个性特征等。针对人才管理，进行同一时间不同管理人员的对比分析及不同时间同一管理人员的对比分析，积累测评数据，为人才决策提供支撑。针对评价结果，提出相应管理和发展建议，比如培养方向、适合的工作类型等。截至 2021 年底，累计出具个人报告 1 782 份、团体报告 65 份。实施测评反馈辅以个人发展辅导 811 人次，分别形成后续个人发展计划。

2. 能力评价手段嵌入领导人员能力盘点

以管理人员为对象，多维输入综合能力素质测评结果、业绩结果、民主评议结果等，形成盘点评价矩阵，固化了盘点工作流程和标准，在国网江苏电力内部进行推广应用，累计应用于省级电网公司本部和地市级供电公司的能力（潜力）盘点 5 场，业务支撑及实施机构的管理人才盘点 9 场。人才盘点嵌入管理人员后备建设工作机制，奠定了管理人员成熟阶梯式成长的工作基础。

3. 能力分布状态全面提升人才培养有效性

通过分析测评结果，明晰了相应管理人员的管理能力优势和不足。在学习体系设计中，有针对性地调整赋能方向和学习内容，提升了培训的精准度和差异化，增加了补短课程。如通过测评发现年轻骨干群体战略意识普遍薄弱，则增加了全局战略意识与落实课程；发现基层管理者执行力强而创新不足，加大了创新思维课程的比重等。管理人员课程体系调整率为 15%，新增课程近 120 课时。同时也提高了场景化学习、案例模拟学习等学习方式的比例，设计开发了绩效改进类、训战结合类等学习项目和课程。逐步完善了基于管理能力"精准、实用和价值"的管理人员学习培养体系，重点班次培训方案评估嵌入率已达到 50%。

4. 能力测评结果有效支撑管理人才数据库

管理人员评价数据库的建立，为人才标准的精准优化提供了依据。依据年份、项目对管理人员测评数据进行比较分析，发掘各类管理人员的特征和优劣势，通过工具自动运算分析，高效精准地对比各类管理人员的特点，做到人才标准迭代有据可依，历年结果、员工特征可实时对比分析，见图 3-6。截至 2021 年底，积累了管理人员能力数据 10 万多条。

图 3-6　数据对比分析示例

（五）搭建数字化信息管理平台，确保评价体系高效运行

1. 能力素质测评工具线上化

平台部署在国网江苏电力本地内部局域网，支持本地和远程测评数据的传输、监控和存储。测评工具接入国网江苏电力员工发展中心，实现

统一身份认证，支持多种客户端访问，支持断点续答；通过项目型管理模式，可以进行测评过程跟踪；实现测评工具、测评模型、测评题本、测评常模数据、测评数据和测评报告等在线管理；测评完成后输出测评报告，报告内容涵盖数据分析和结果应用，可从不同维度剖析结果，根据个人的机会和盲点、团队的相对优劣势，提供能力发展建议，实现个人报告、个人综合报告和团队分析报告的在线获取；工具提供统一的用户管理机制，按照分级分组管理方式，实行操作权限管理；满足国网江苏电力对组织测评与个人自主测评相结合的应用需要，为基层管理人员自主发展创造了平台。

2. 能力素质评价数据进系统

为了解决管理人员信息分散、不全、不易统计等问题，聚合进行管理人员能力素质评价所获取的信息，将之集成到国网江苏电力智能人事决策系统，匹配员工管理的核心流程，为选、育、管、用等环节提供便利的落地支撑。从管理的具体场景出发，关注智能人才库、甄选挑人、任免管理、新任管理、盘点管理、继任管理六大核心场景。从个人综合素质分析、团队结构分析、团队综合素质分析、团队细分维度多个角度对各类管理人员进行实时分析，输出管理人员动态雷达图分析报告。

3. 能力素质评价协同应用

通过整合管理人员能力素质评价数据和智能化的人才数据分析，完善了智能人事决策系统 10 大核心功能（见图 3-7），内容包括：**信息整合功能**，适应包括手工收集、线上收集、接口收集等多种人才数据收集功能；**人才画像功能**，能力素质模型及测评输出数据使得国网江苏电力管理人员画像臻于完整，补上了最重要的一块缺失内容；**全景分析功能**，基于人才档案／画像／综合评价，分析队伍异动情况、人才结构情况、人才质量情况；**人才对比功能**，对比人才队伍基本信息、成长经历、综合素质；**一键选人功能**，筛选匹配关键信息，快速查找适合人选；**人才池功能**，基于人才档案 / 画像 / 综合评价关键信息筛选匹配，快速建立后备人才库和形成发展计划；**任免管理功能**，系统辅助通知提醒，线上化存储资料，提升工作效率和数据安全性；**新任管理功能**，可以建立系统任务，自定义工作清单，线上化存储资料，提升工作效率和数据安全性。**盘点管理功能**，可以在平台上开展组织盘点，系统自动生成团队九宫格、团队管理人员继任准备情况、团队多维分析等结果，也可以用于盘点个人，包括盘点数据的导入，九宫格生成和调整，个人继任图谱、个人检视和个人行动计划记录。**继任管理功能**，盘点管理人才队伍内外继任者准备状况及继任发展建议。

图 3-7　智能人事决策系统核心功能

三、实施成效

（一）人才管理效率大幅提升

1. 打造了管理人才全局看板

基于能力素质数据和数字化平台，通过大数据采集到的管理人员能力特点、心理特征与其他工作评价指标，可用于高效率地进行相关性研究，打造管理人才全局看板，使管理人才队伍的管理具备"一目了然"的全景视野，为选拔、适配、考评、能力发展提供了动态数据支持。管理苗子，尤其是基层管理苗子涌现率大幅提升，近两年相较往年提高 40% 以上，实现了对队伍全景画像、定期盘点工作需求的有力支撑。

2. 满足了组织测评与个人自主测评相结合的应用需要

提供了管理人员自行测试的权限、入口和工具选择，为面向管理人员群体的心理援助创造了平台，也为管理人员制订自我发展计划提供了衡量标尺；相较于以往下属单位各自分散开展测评、盘点的情况，每年实施测评的人才数量同比增长近 30%，潜力和能力综合评价的信效度达到 0.7 以上。

3. 提高了管理的盘点效率和精度

近一年新提拔三级领导人员 65 名，为国家电网输送二级领导人员 3 名，选人用人满意度不断提高。能力评价推动了干部调研推荐方式的创新，提高了科学研判水平，动态掌握了一批"好苗子"，队伍结构持续改善，实现三级领导人员"85 后"零突破，45 岁以下三级正职、40 岁以下三级副职占比分别提高 5% 和 1%，队伍年轻化进程不断加快。强化干部管理下沉实效，落实了"加大班组长选用力度"要求。基层单位近一年新提拔干部中，具有班组长经历的干部占比由 25% 提高至 31%。

（二）经营效益持续提升

国网江苏电力党委选用领导人员更加科学、精准。通过有针对性地加强能源互联网试点单位专业负责人配备，以及省管产业经营负责人配备，配套"能增能减、能上能下、能进能出"的经营考核机制，企业经营实力和动力大幅增强。2020 年，在新冠肺炎疫情、减免工商业电费等多重经营压力下，国网江苏电力加快建设能源互联网示范区，大力发展产业，实现全口径营收增长 2.69%、利润增长 5.27%，远超国网平均水平，业绩考核保持国网系统第一，领先优势进一步拉大。

（三）社会效益持续增强

2020 年，《国有企业领导力评鉴探究与实践——以国网江苏省电力有限公司为例》出版，人才测评系统通过审核获得计算机软件著作权登记证书。国网江苏电力向国网系统其他省级电网公司输出人才测评共 16 次。国网江苏电力人才评鉴中心得到中国人事科学研究院余兴安院长等专家的高度评价。华为南京事业部、阿里武汉公司、南方航空等十几家外部企业专程前来现场参观学习。得益于项目成果带来的新面貌、新生态，国网江苏电力各级领导人员的大局意识、责任意识、服务意识进一步增强，管理创新、外部竞争、支撑服务及市场应变等能力进一步提升，践行了"人民电业为人民"的企业宗旨，充分彰显了电网企业"大国重器"的担当。经过能力素质评价体系分析、诊断、筛选后的 26 名优秀干部人才赴各地帮扶，帮助西藏、新疆、内蒙古等地区做好电网建设等工作，在当地社会、政府与民众中树立了良好的江苏形象。

四、启示和思考

（一）能力素质模型构建越精准，科学化人才管理基础越坚牢

能力素质模型是人力资源管理中的一个关键环节，它将企业战略、业务要求与人力资源管理工作连接起来。构建精准的能力素质模型，对管理人员选任、培养、考评都具有重要意义。国网江苏管培中心的实践，例如基于评价结果制定个人报告、将测评结果作为盘点评价矩阵的影响因素、将测评结果纳入管理人才数据库等，切实体现了能力素质模型和精准评价有机结合对增强人才管理科学性的良好成效。

（二）测评技术体系越完善，识别管理软能力越精准

基于企业发展战略、业务特点、人员特质，应用数据和技术手段，将

测评技术与管理人才开发紧密联系起来，即系统考虑现状、数据等资源、技术和管理手段，实现多维度测评和分析。计划管理技能、组织管理技能、领导管理技能和控制管理技能与日常工作场景高度一致，保障了测评的效度和信度；通过技术手段对综合素质、团队结构、团队成员综合素质、团队成员细分维度进行实时分析，为管理人员高效管理提供了很好的决策支持。

（三）应用推进规划越周密，长效支撑人才队伍建设的作用越明显

在评价方向选择和试点推广工作中，先重点突破，再广泛推广。聚焦行为养成、人格测评和履职技能三个重点评价方向，匹配场景化测评工具、心理量表、测评题库，能够有效保障评价的效度和信度。完成评价体系构建后，选择优秀四级领导人员培训班、年轻骨干培训班、新任管理人员培训班等培训项目试行，经过 4 年的打磨完善，形成成熟体系并在更多管理人员培训、发展、盘点和选拔中落实应用。

第二篇

管理提质篇

电网企业基于精准画像的
智慧知事识人体系建设 *

国网江苏省电力有限公司党委组织部（人事董事部）

引言：世间事物最复杂、最难懂的莫过于人，知人不易、识人更难，组织人事工作人员想要精准识人更是难上加难。自从国网江苏电力构建了智慧知事识人体系，这些难题便迎刃而解。

摘要：近年来，一些地方出现的"带病提拔"问题、"两面人"现象，一些人出现的"干多干少一个样"心理，究其根本是知事识人不易，从而带来知事不全、识人不准。组织部门作为领导人员的重要管理部门，在考察和评价领导人员的过程中，受人员、时间、地域、经验等限制，所下结论、所画之像经常"有形无神、有表无据"，难以支撑党委知事识人。针对上述现实管理矛盾，国网江苏电力在现有经验基础上，应用现代管理理论，以精准评价领导人员素质能力为核心，围绕"画像先识人、识人必知事"的

---

* 该案例获评第二十八届江苏省企业管理现代化创新成果一等奖。

工作路径，建立基于考察纪实、信息协同、实例印证的辩证知事机制和基于分级索引素质评价、分段迭代能力量化的精准识人机制。借助先进信息技术，创新打造一体化数字平台，实施领导人员全维度、全生涯精准画像，实现"个个有特点、表达有梯度、刻画有实例、评价有态度"的画像标准。聚焦决策、组工、领导三类人群的不同需求，打造组织人事智慧新应用，建立智慧知事识人体系，实现素质培养、知事识人、选拔任用、从严管理、正向激励五大体系协同运转，支撑党委科学高效地开展队伍建设，打造"四优五过硬"领导班子和领导人员队伍，为高质量发展提供坚实的组织保障。

一、背景和问题

（一）知事识人难点问题还需加大破解力度

党的十九大后，习近平总书记在全国组织工作会议上明确提出了新时代党的组织路线，并指出"贯彻新时代党的组织路线，建设忠诚干净担当的高素质干部队伍是关键"，并明确要求建立素质培养、选拔任用、知事识人、从严管理、正向激励五大体系。其中，知事识人体系既是痛点、也是难点。近年来，一些地方出现用人不当、用人失察、带病提拔等问题，造成公信力受损；一些地方滋生出台上一套、台下一套的"两面人"，造成恶劣影响；一些地方对履职绩效考核不够，造成"干多干少一个样"的消极氛围。究其根本，还是因为组织知事不全、识人不准。电网企业作为国有企业中坚力量，须牢牢记住"国企姓党"这一根本属性。因此，电网企业主动破解知事识人难题，以知事识人体系建设推动五大体系在国企落地实施，是落实中央精神的时代需要，是体现中国特色的担当实践。

（二）知事识人在事业发展新阶段面临新问题

当前，我国进入了新发展阶段，中央做出了"碳达峰、碳中和"、深化电力体制改革、构建以新能源为主体的新型电力系统等重要部署。同时，新冠肺炎疫情、经济下行、阶段性电价下调、用电负荷快速增加、客户规模持续扩大等因素导致电网企业面临巨大的管理、经营和发展压力，这对电网领导人员的素质能力要求越来越高。但个人素质能力往往有很强的迷惑性和隐蔽性，识别起来比较困难。只有深入建设知事识人体系，"把研究人和研究事结合起来，避免从抽象到抽象，凭感觉下结论"，才能把满足新阶段事业发展需要的干部选出来，才能把领导人员放到适合发挥其专长的岗位上，最终实现人岗匹配、人事相宜，为电网企业改革发展提供坚实的组织保障和人才支撑。

（三）组织人事工作存在急需破解的症结

作为党组织选人用人的重要决策支撑部门，准确评价领导人员，为决策提供客观、精准、全方位的信息，是组织人事部门的主要职责。从现实情况来看，组织人事工作人员（以下简称"组工人员"）配置相对较少，日常事务相对较多，工作性质相对封闭。受人手、时间、地域等多重因素影响，组织部门在考察领导人员时，单次考察往往挖掘事例不够，多次考察缺乏实施条件，党委关注的一贯表现一直难以呈现，加之部分组工人员经验不足，容易凭感觉、凭履历下结论，所画之像"有形无神、有表无据"，难以为党委做出决策发挥应有的参谋助手作用。因此，聚焦知事、识人、画像三个关键，创新工作机制，借助现代管理理论和先进技术手段，建设智慧知事识人体系，实施领导人员精准画像，是破解组织人事工作症结、更好地发挥组织人事部门作用的关键之举。

国网江苏电力组织部将画像技术作为进一步提高知事识人效果和效率

的突破点，应用到培养、任用、选拔、管理、激励全链条中，逐步在技术、管理上健全相关方法、平台和机制，不断深化应用。

二、主要做法

（一）明确思路目标，做好顶层设计

1.厘清工作思路，明确建设目标

以精准评价领导人员素质能力为核心，以领导人员精准画像研究为切入点，准确把握知事、识人、画像之间的关系，围绕"画像先识人、识人必知事"的工作路径，健全考察机制，构建基于纪实、协同、印证机制的辩证知事体系；优化评价体系，建立基于分级索引素质评价、分段迭代能力量化评价的精准识人机制；构建一体化数字平台，应用现代信息技术全方位、多层次、动态化展现领导人员全息画像，实现"个个有特点、表达有梯度、刻画有实例、评价有态度"的画像标准；聚焦用户需求，面向决策人员、组工人员、领导人员三类群体，开发策略中心、沙盘推演、继任计划等智慧新应用；打通"育选管用"全业务链条，贯通干部全生涯、全维度、全链条管理，实现五大体系协同运转，建立智慧知事识人体系，推动组织人事工作数字化转型；支撑党委科学高效地开展队伍建设，打造"四优五过硬"领导班子和领导人员队伍，为高质量发展提供坚实的组织保障。建设思路见图4-1。

2.坚持多维联动，强化组织保障

一是坚持党管干部。将电网企业基于精准画像的智慧知事识人体系建设列为党委年度重点工作，明确党委组织部为责任部门，有力推进工作开展。**二是坚持横向协同。**建立跨专业协同工作机制，及时共享必要信息，提高事例收集质效。**三是坚持纵向联动。**抽调省级电网公司、地市级供电公司、业务支撑及实施机构组织人事专家，组成专项工作组开展研究，夯实体系

理论基础。**四是坚持内外协调。**引入外部专业公司，借鉴系统外先进经验，有力支撑平台建设。**五是坚持试点推进。**综合考虑基层单位结构、体量、专业等因素选取试点单位，明确任务目标和时间节点，保障体系稳妥实施。

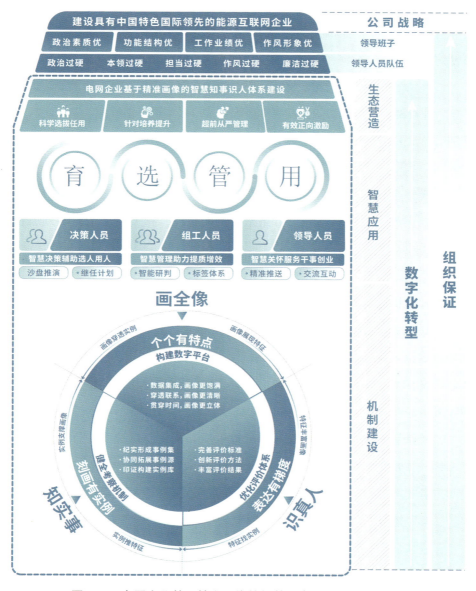

图4-1　电网企业基于精准画像的智慧知事识人体系建设思路

（二）健全考察机制，提高知事置信度

1. 建立纪实机制，形成行为表现事例集

一是挖掘人事档案信息。领导人员的个人档案数据客观、记录权威。通过充分挖掘人事档案基础信息，查阅领导人员"三龄两历"、职称技能、考核鉴定、奖励处分等资料，建立数字化档案库，全面掌握领导人员客观信息。

二是加强日常考察纪实。将知事识人融入常态化工作，以书面调研、实地考察、驻点调研、深度访谈、自我举证等方式，多渠道、多维度、多层次收集事例。经常关注企业要闻、信息专刊、工作报告等重要信息，及时摘录整理重大事例，了解领导人员在日常工作中的表现和在大事、要事、难事中的担当。

三是健全长期考察纪实。关注领导人员长期、一贯表现，建立历年重大事例档案库，通过对领导人员典型事例的整理、归类，运用科学方法和信息化手段对典型事例进行迭代更新，尽可能实现事例的全面性和广泛性，最大限度降低信息片面或遗漏造成的分析误差。

2. 建立协同机制，拓展统计分析事例源

一是加强与监督部门的协同。建立领导人员监督部门联席会议制度，定期收集整理有关部门执纪监督方面的信息，确保组织人事、纪检、审计、安监等部门各司其职、互通信息，及时掌握问题线索和负面事件，实现对领导人员的全方位、多角度评价识别。

二是加强与主管部门的沟通。了解生产、营销、建设等主管部门对本专业领导人员的认可标准和能力、特质要求，有意识地参加重要专业会议，收集专业工作报告中的重大事例等，及时汇总、整理主管部门发布的考核评价、奖励惩处等信息，丰富事例来源。

三是加强与基层单位的联系。建立定点挂钩联系制度，组织部门分片区直接联系若干基层单位，专人专管，不定期列席所联系基层单位的年度、季度等重要会议，查阅有关文件资料，近距离了解领导人员工作情况，掌握一手资料。深化开门迎谈制度，组织部门定期与领导人员沟通交流，了解领导人员的诉求。

3. 建立印证机制，构建真实可信实例库

一是做好谈话准备。 根据前期收集的事例集编写半结构化访谈提纲，准备谈话要点和背景材料，以便在访谈中有针对性地对事例进行追问和印证。强化对考察人员的培训，提升谈话专业知识，统一考察组的思想认识。

二是用好谈话技巧。 把握随机性、广泛性、针对性和知彼性四个原则，科学确定谈话人员范围。灵活运用行为事件访谈法、谈心法、引导法和挖掘法等技巧，带着问题有重点地听，听到问题有意识地引，把握好谈话节奏，营造好谈话氛围，努力捕捉有用信息。

三是实现事例印证。 考察组对考察人员上级、平级、下级与自我的360度谈话记录进行整理对比分析，实现所掌握事例的去粗取精、去伪存真，将事例转化为可应用的客观实例，构建领导人员"典型实例库"。

（三）优化评价体系，提高识人精准度

1. 完善评价标准，健全指标体系

一是分层设置评价指标。 根据中共中央印发的《党政领导干部选拔任用工作条例》，对照国家电网"四优五过硬"领导班子和领导人员队伍建设目标，参考国家电网领导班子和领导人员测评体系，在领导班子层面设置"政治素质、团结协作、作风形象、经营业绩、班子结构"5个一级指标，下设10个二级指标，提炼36项关键特征；在领导人员层面设置"德、能、勤、绩、廉"5个一级指标，下设10个二级指标，提炼53项关键特征。

二是分档明确评价梯度。 从操作性和实用性出发，统一认知和评价尺度，将每项关键特征划分为5档，对"优秀、称职、待发展"区间予以详细释义，构建涵盖领导班子和领导人员评价指标、关键特征及区间释义的

特征辞典。评价人员根据真实情况，可从特征辞典中分级索引选取相应的特征和档次，实现评价有梯度。

2. 创新评价方法，精准识别特征

一是拆解分析实例要素。以实例为画像的主要依据，研究并建立"实例拆解因素库"（见表4-1），从时间、背景、类型、层级、难度、成效、群众评价七大要素，对实例进行拆解分析，实现分析过程标准化、信息录入结构化。同时，为每个要素提供标准化描述用语，统一评价标准，减少人为误差。比如，将实例背景划分为"个人自主提出、积极主动争取、贯彻上级要求、响应急难险重、解决历史遗留、延续传续推进"六类。

二是评判领导作用发挥。开发领导人员行为分析工具，从个人角色、作用发挥、群众评价三个维度，对领导人员在实例中的应对态度和工作成效进行分析评价，全面、辩证、客观、准确地掌握评价对象实际表现，找准实例与特征的映射关系。比如，将个人角色划分为"决策指引、牵头负责、组织实施、操作执行、配合协作"五类。

三是建立量化评价模型。对领导人员德才和业绩进行百分制360度测评，通过加权求和得到领导人员综合考评结果。借鉴学习曲线理论，加权专业评价和专业排名，考虑时间衰减因素，建立专业能力分段迭代量化模型，客观评价领导人员专业水平。设计关键特征赋分规则，根据领导人员在实例中的具体表现进行权重赋分、量化累积，形成以实例为支撑的领导人员关键特征积分，让评价结果更具说服力。

3. 丰富评价结果，多维深度反馈

一是定性与定量相结合。坚持"定性靠实例、定级靠数据"，按照实例支撑特征的方式，对领导人员的关键特征进行定性评价。通过信息系统赋分计算，对领导人员的综合考评、关键特征予以量化定级，实现本专业同类可比，让领导人员清晰认知自身特质及所处段位。

表 4-1 实例拆解因素库示例

实例原始描述		实例拆解分析					
专业	原始描述	时间	背景	类型	层级	难度	成效	群众评价

| 营销 | 2020 年推动智能电网末端感知建设，16 241 个台区，实现建设 119 个台区。想法提出有几年了，今年开始尝试落地实施。用户停电信息按户主动上报、停电事件主动上报、拓扑扑关系自动识别、电量数据高频度采集。 | 2020 年

上年度 | 我们认为，智能电网感知是能源互联网的重要支撑。想法提出有几年了，今年开始尝试落地实施。

个人自主提出 | 1. 公司系统首家尝试。2. 没听说别家单位也在做。

开创性工作 | 公司提出后，省公司营销部认为这项工作很有意义，可以全省推广。

省公司级 | 1. 涉及营销、基建、科信等多个专业，有一定的沟通协调难度。2. 没有其他单位做过，技术、流程等全靠公司自己摸索。

困难 | 1. 营销部很认可，年度考核也加了分。2. 国家电网领导专程到我单位调研，并表示可以推广实施。

显著 | 提升了工作效率和客户满意度，干部群众对此很认可。

一致认可 |

二是正面与负面同呈现。客观评价优点，不夸大其词，提炼领导人员最突出的正向标签。真实反映缺点，不粉饰太平，结合监督部门提供的责任事件及干部群众反映的问题建议，如实公布负面评价结果，增强对领导人员的触动性。

三是一时与一贯连成线。把握领导人员关键特征的稳定性、延续性和发展性，既刻画一时表现、客观展现领导人员当前工作业绩与特征梯度，又关注一贯表现，纵向展现领导人员近年来工作业绩、民主测评、关键特征等量化指标变化情况，实现对领导人员的历史性、辩证性评价。

（四）构建数字平台，增强画像系统性

1. 加强全口径信息分析，画像更饱满

在常规画像基础上，拓展基础信息，突出组织视角，强化动态研判，保证领导班子和领导人员画像更加饱满，更具实用性。

一是呈现全面的基础信息。将画像呈现的基础信息延伸扩展到基本属性、社会属性、组织属性、素质属性等内容。其中，基本属性包括姓名、年龄、籍贯等，社会属性包括家庭及社会关系、学历学位、党团等，组织属性包括履历经历、考核考评、荣誉奖惩等，素质属性包括能力素质、性格特质、激励驱动力因素、"别人眼中的我"等，以全要素支撑画像完整度。

二是呈现形象的组织评价。将考核谈话采集的信息以定量与定性相结合、图形与描述相呼应的形式呈现，以组织视角为班子和个人画像。其中，专业能力得分、综合素质得分等采用定量对比方式展现；关键特征、缺点不足等采用定性描述方式说明；同时，通过雷达图、时间曲线等直观反映能力素质、层级历练、专业历练的变化趋势。在特征评价方面，根据需要可细化展示领导班子和领导人员一级指标下的具体表现和不足。

三是呈现动态的研判结论。立足组织人事工作需要，将日常关注较多的研判信息以状态提醒方式呈现在画像中，其中对领导班子主要包括年龄

结构、性格结构、专业结构、运转质效等方面的状态提醒，对领导人员主要包括任职时长、交流年限、二线退休、任职回避、个人诉求等方面的状态提醒，帮助组工人员及时察觉问题、解决问题。

2. 建立多层次穿透关系，画像更清晰

按照由大到小、由外到内、由虚到实的顺序，建立队伍、班子、个人、管理痕迹逐层逐级画像穿透关系，实现画像可深入、可穿透、可溯源。

一是队伍总览与个人特写逐层递归。对于队伍结构分布、班子总体质态等反映宏观的信息，数字平台采用动态分析图的形式进行全局展示，根据需要可自由穿透到业务板块、基层班子内进行群体分析，进而继续穿透到个人，观看全景画像。

二是基本信息与人事档案互联互通。对于"三龄两历"、考核奖惩等伴随一生的个人基本信息，通过数字平台逐项挂钩档案影印件，将实体档案管理与电子信息维护融为一体，相互比对、双向校核，确保领导人员信息的唯一性、准确性。

三是组织评价与管理痕迹相互呼应。对于组织评定的干部特点、不足及量化能力素质评分等信息，通过数字平台与组织考察掌握的实例、述职报告、奖惩信息、360度测评、他人评价、个人事项等关联起来，依托点击跳转、信息弹框等形式，保证每个特点、不足背后都有素材依据，每项得分背后都有计算逻辑，确保画像让人信服。示例见图 4-2。

3. 贯通全生涯时间节点，画像更立体

通过数字平台，为领导班子和领导人员的画像加上时间轴，形成画像"编年史"。

一是历史情景可再现。通过切换画像展现时间点，既能够回到过去某一特定日期查看领导班子的人员组成、结构状态、考评绩效、事件档案，也能具体点开个人画像展示当时领导人员的状态能力、问题不足、个人诉求、履职情况，让查阅者能直观地了解领导班子和领导人员的"过去时"。

图4-2　领导人员画像与实例——特征穿透

二是发展过程有演变。 通过设定时间段，既能查看某个领导班子在该时段下的班子成员、年龄结构、专业配置、履职情况的演变情况，从历史的角度了解各配置因素对班子作用发挥的影响，也可以查看某领导人员在该时段下的专业能力、优势不足、培育培养、履职情况等变化趋势，从历史演变的角度了解锻炼历练、激励培训等因素对领导人员成长的作用，为优化领导班子配置方案、优化领导人员"育选管用"策略提供历史经验。示例见图4-3。

图4-3 领导人员画像与实例——特征穿透

（五）聚焦用户需求，打造智慧新应用

1. 聚焦智慧决策，辅助决策人员放心选用

针对领导人员队伍庞大、企业特色各异、地理空间分散、队伍全貌把握难、人员特点识别难等问题现状，国网江苏电力聚焦决策人员需求，研制决策看板，提供领导班子和领导人员整体配置情况与个体穿透画像查阅

服务，并创新开发策略中心、"一人一策"、沙盘推演、继任管理等功能，为选人用人提供智慧决策支撑。

（1）**构建策略中心**。将领导人员管理规则、制度条款规定转化为计算机判定标准，结合队伍建设需要，组合成满足不同场景的驱动策略，为党委决策提供辅助支撑。

（2）**实现"一人一策"**。通过策略中心将历练层次、专业、时长等因素，量化组合成理想的历练模型，自动对照分析领导人员历练、驱动不足，给出加强县级供电公司历练、加强生产专业学习、加强综合能力锻炼等差异化建议，真正实现"一人一策"精准培养。同时，根据个人素质短板，给出培训建议，通过分层分类组织实施，实现精准培训。

（3）**模拟沙盘推演**。参照经营模拟游戏开发选人用人沙盘，通过拖动搭配，预览选用结果，根据预览前后班子画像全维度对比，让关键指标升降、班子融合度变化、激励效果等情况一目了然，为选强配优班子提供全方位参考，见图4-4。同时，对"带病提拔""近亲属回避""关联经商"等选用风险，及时提醒，保证决策的合规性。

（4）**实施继任管理**。借助策略中心构建"专业分工＋职务类型"的岗位模型，明确能力素质得分、任职年限、年龄、绩效表现等继任优选条件，实现岗位空缺或交流时自动匹配推荐人选，助力选准用好领导人员。按照岗位层级、能力专长分层分类建立人才库，综合全维信息比较进行成熟度排序，在全域范围内确保充足的梯队成熟可用。

2. 聚焦智慧管理，助力组工人员提质增效

针对组工人员工作量大、重复工作多、效率低下、易疏漏等问题现状，国网江苏电力聚焦组工人员需求，研制专业看板，对数据进行集成、分析和处理，在专业看板中实现智能研判、标签检索、动态预警等智慧管理效果，为组工人员提供智慧辅助支撑。

图4-4　沙盘推演示例

（1）**智能分析研判**。整合组工内部各专业数据信息，按照单位类型，开发领导班子和领导人员结构分析模块。通过自定义研判规则，对领导班子的年龄结构、属地构成、青干成员等，以及领导人员的年龄、学历、任职时长、专业历练、关键经历等，进行自动分析评价和直观图形呈现，切实增强组工人员分析研判工作的全面性、实时性和精准性，提升工作质效。

（2）**标签灵活组合**。引入大数据标签管理理念，将单位类型、单位编制、职务级别、年龄、任职时长等单位和人员属性作为数据标签进行管理和应用，通过对数据标签进行基于特定算法的组合计算和逻辑判断，实现对策略中心的信息支撑。建立数据标签拓展机制，可以根据管理工作需要在数字平台拓展标签维度或修订标签内容，提升专业管理的灵活性。

（3）**动态监控预警**。根据任职交流、个人有关事项、因私出国（境）、兼职、参评荣誉奖项、回避、二线、退休等干部管理规定，结合领导人员家庭情况、个性特点、履职绩效、工作状态、个人诉求等，通过策略中心建立不同看板下的预警规则，由低到高划分三个提醒关注度，帮助组织超前辨识任职、思想、廉洁等风险，及时处理，见图4-5。

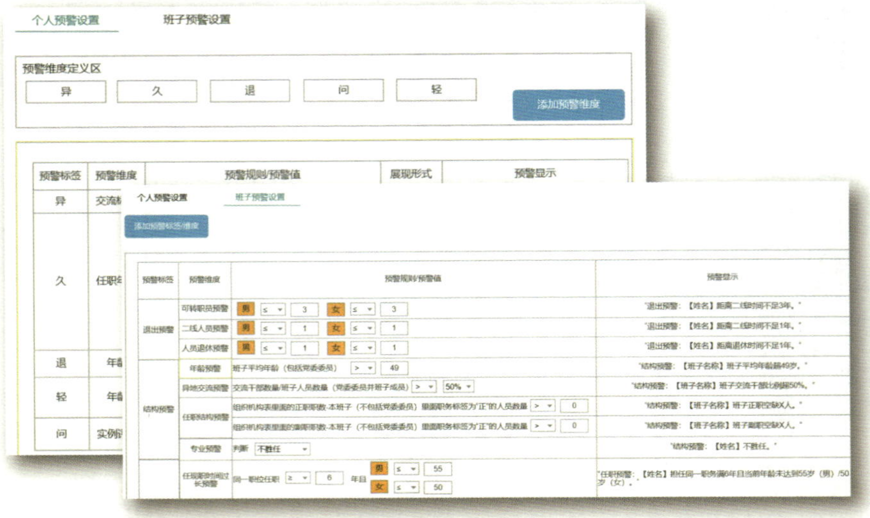

图 4-5　预警策略配置

3. 聚焦智慧关怀，服务领导人员干事创业

国网江苏电力以智慧知事识人平台为载体，研制对象看板，推出线上"干部之家"，开发精准反馈、关怀互动、团队管理等功能，实现对领导人员的在线智慧关怀，激发干事创业热情。

（1）**精准反馈推送**。通过对象看板动态反馈考核考评结果，让领导人员更客观全面地了解自己的优势和不足，明确改进方向。基于数据分析匹配，有针对性地推送政策解读、培训课程、锻炼机会等内容，帮助领导人员快速提升。

（2）**交流关怀互动**。开发重大事项预警填报、关注事项在线查询、困难问题即时反馈等功能，提供在线关怀、交流互动服务，及时获知领导人员思想动态、个人诉求，进而通过实地走访、交流慰问等形式，落实关心关爱制度，增强领导人员归属感。

（3）**助力团队管理**。帮助各级领导班子正职实时了解本单位领导人员在班子内部、全省同专业人群中的发展位势，提供有针对性的指导改进建议。结合班子成员专业特长和性格特质，合理开展职责分工，切实发挥班子合力，推进班子履职能力提升。

（六）融通育、选、管、用，打造队伍新生态

1. 识别短板不足，针对培养提升

建立实施智慧知事识人体系，为源头培养、跟踪培养、全程培养提供重要依据。在时间上，利用信息化技术，实现对领导人员成长全过程的实时跟踪，全面、历史、辩证地评估领导人员特长和不足。在对象上，结合领导人员画像结果，有针对性地补短板、强弱项，智能配置培训提升方案，实现按需培训、按时培训，杜绝反复培训、长期不训。比如，对于优秀年轻领导人员能力、经验不足问题，建立"135"优秀年轻人才库，从源头上强化培养锻炼；针对基层单位党政负责人等关键人群，开展专项综合培训，提高经营管理水平；对于理论知识薄弱的领导人员，开展线上线下理论教育，促进学以致用；对于工作经历单一的领导人员，开展挂实职锻炼或岗位交流，开阔视野思路，丰富经历经验。通过密切跟踪领导人员发展状况，对能力特征进行分析研判，有的放矢地培养锻炼、补齐短板，把素质培养落到实处。

2. 识别德才特质，科学选拔任用

坚持以"识人"为基础，以"用人"为关键，在实际选人用人中体现价值、发挥作用，保障选人用人有理有据、有迹可查，实现人岗相适、人事相宜。通过智慧知事识人体系应用，将在重大关头、关键时刻政治坚定，完成落实重大决策部署、推进重点工作中表现突出，于基层一线、艰苦边远地区长期磨炼的优秀领导人员选出来，树立鲜明的选人用人导向。对不作为、慢作为、乱作为的，不适应现职岗位的，群众意见大的，及时进行调整。

通过领导人员能力精准量化，准确判断专业水平，尽可能将领导人员安排到其擅长的岗位上，避免过大的专业跨度，保障领导人员更好地发挥专业特长。坚持因事识人、以事择人，通过精准识别领导班子和领导人员的关键特征、业绩表现、主要不足等内容，秉承公道正派理念，提出调整意见，持续营造风清气正的干事创业氛围。

3. 识别风险隐患，超前从严管理

建立实施智慧知事识人体系，全面形成监督合力，推动领导人员监督由事后转向事前，防患于未然。在内部，把组工各专业信息统筹起来、互通有无、共同使用；在外部，与纪委、党建、审计、安监等部门建立联动机制，实现重要监督信息的沟通共享和跨专业的协同监督，及时分析甄别、调查核实，消除监督死角，守住廉洁底线。对于人、财、物、工程建设、电力营销等廉洁风险较高的领域，强化对领导人员重大事项的报告监督，运用智能预警技术，建立针对领导人员数据变化的"监测—分析—预警—反馈"机制，及时将风险隐患推送至专业看板和对象看板，及早发现并解决苗头性、倾向性问题。对任职领域内的常见廉洁风险，通过大数据筛选提取，进行清单式提醒。对长期就职于某一领域的领导人员，主动预警提示，严格执行交流制度。深度践行严管就是厚爱理念，织密筑牢从严监督体系。

4. 识别个性诉求，有效正向激励

通过建设实施智慧知事识人体系，帮助组工人员精准勾画出领导人员的专业特长、性格特质、内在驱动等信息，实现激励方式的针对性优化匹配，更有效地激发领导人员的干事创业热情。通过关键标签预警，在领导人员完成正向突出业绩或承担负向压力时，组织部门能实时掌握动态，并通过"开门迎谈""主动邀谈"等方式，及时传达组织的认可、理解与支持，让领导人员温心暖心。通过对象看板，及时收集领导人员的任职意愿和困难诉求，根据工作需要统筹妥善安排，给予长期处于基层，特别是艰苦地区的领导

人员更多的理解和支持，让领导人员安心、放心。出台《强化领导人员担当作为 – 推进能上能下实施细则》《关于建立容错纠错机制 – 激励担当作为的实施办法》等，旗帜鲜明地为担当者担当、为负责者负责、为干事者撑腰，为领导人员推动改革创新、敢于先行先试解除后顾之忧，引导各级领导人员高度信任组织，大力营造人和业兴的良好生态。

三、实施成效

（一）强化组织运转，管理质效显著提升

基于精准画像的智慧知事识人体系建设，解决了长久困扰组织部门的承载力不足、画像不准问题，让组工人员可以腾出手、沉下心思考专业，谋划举措，从而解决更多影响队伍建设的问题。国网江苏电力通过精准识人用人，先进典型不断涌现，何光华、朱洪斌等 4 人被评为 2020 年度全国劳动模范，李海峰、何光华、黄奇峰等 6 人获国家科技进步一、二等奖，序守文、杨章平等 105 名先进个人获"中国好人""央企先进法律工作者"等国家和省部级荣誉，国网江苏电科院、国网如东县供电公司等 112 个先进集体在领导班子带领下获 2020 年度全国文明单位等 85 项国家和省部级荣誉。国网江苏电力组织生态持续向好，选人用人满意度达 98.58%，位居国网系统前列，干部问题线索反映下降 23%，处分下降 75%，上下基本形成了"高度信任组织，专注岗位奋斗"的良好氛围。通过协同协作，额外掌握班子和干部履职表现、存在问题近百项，并在南通"4·30"、吴江"5·14"风灾等抢修现场近距离发掘 10 余名表现优秀的干部，为党委提供了翔实的决策参考。凭借画像成果，2020 年度考核反馈问题和建议 268 条，触动班子和个人改进提升，基层单位普遍存在的员工动力活力、关键岗位管控、基础管理、创新争先等问题在督促整改下得到有效解决。

（二）激励开疆拓土，经营效益显著提升

得益于智慧知事识人体系建设，国网江苏电力党委选用干部更加科学、精准，一大批年富力强、善于开疆拓土的人才脱颖而出，成为经营管理的中坚力量。通过科学优化队伍年龄结构，平均年龄克服自然增长保持在48岁左右，45岁及以下领导人员占比提升至30.7%，"80后"年轻领导人员数量达到36名，居国网系统前列，经营活力大幅增强。通过有针对性地培养提升队伍能力素质，四级及以上领导人员获本科及以上学历人数比例达到97.03%，其中副高级及以上专业技术岗位等级人数比例达到77.93%，三级及以上领导人员达到副高级及以上专业技术岗位等级人数比例达到94.5%，队伍培养取得丰硕成果。通过有针对性地加强能源互联网试点单位专业负责人配备，以及省管产业经营负责人配备，配套"能增能减、能上能下、能进能出"经营考核机制，经营实力和动力大幅增强。2020年，在新冠肺炎疫情、中美贸易战、减免工商业电费等多重经营压力下，各级领导人员加快建设能源互联网示范区，大力发展产业，实现全口径营收增长2.69%、利润增长5.27%，其中省管产业营收增长18.5%，达到675亿，利润增长49%，达到61.12亿，远超国网平均水平，业绩考核保持国网系统第一，领先优势进一步拉大。

（三）服务经济发展，社会效益持续增强

得益于项目成果带来的新面貌、新生态，国网江苏电力各级领导人员的大局意识、责任意识、服务意识进一步增强，管理创新、外部竞争、支撑服务及市场应变等能力进一步提升，充分彰显了电网企业"大国重器"的担当，有力践行了"人民电业为人民"的企业宗旨。例如，积极落实"双碳"目标，率先开展能源消费侧18项"双碳"行动实践。持续压降企业用电成本，提升居民用电感知，有力支撑实体经济发展，更好地满足人民对美好生活的需要。26 名优秀领导人员赴各地帮扶，帮助西藏、新疆、内蒙古等地区做好电网建设等工作，在当地社会、政府与民众中树立了良好的江苏形象。国网江苏电力扎实推进稳岗扩就业工作，拿出 500 个岗位供定点扶贫县和"三区三州"深度贫困地区人员上岗，引发社会热烈反响。在建党 100 周年这一重要时间节点，国网江苏电力共产党员服务队成为全省首个"时代楷模"，1 个基层党支部、1 名党员入选全国"两优一先"拟表彰名单。

四、启示和思考

（一）逐步走向智慧考察

数字化技术使长期以来积淀的大量数据价值得以发挥，使用数字平台形成画像为考察走向智慧化提供了基础保障，并形成了多种智慧应用方式。智慧考察是未来仍需努力的发展方向，在技术、管理手段上还需同步迭代升级，不断提高考察质效。

（二）不断完善系统考察

多维度的系统考察能够提升考察结果的精准性，现已建立全口径、多层次、全职业生涯的考察维度。进一步增加、细化考察系统中的维度，是继续完善精准画像的方向。

（三）引入平台支撑

现已在画像环节应用数字平台。在未来育、选、管、用的深化融通中，平台的作用需要全过程发挥，成为对深化融通的有力支持。因此，在数据应用、功能扩展、配套管理措施上还需要深入研究，持续升级。

基于企业效益提升的业务外包管理机制创新

国网江苏省电力有限公司人力资源部（社保中心）

引言：让专业的人干专业的事，于是就有了外包。为了让外包队伍安全、高效、稳定地开展工作，国网江苏电力创新"五全"业务外包管理机制，让业务外包工作提质增效！

摘要：国网江苏电力以"建制度、理清单、核成本、管人员、优配置"为改革路径，通过创新业务外包管理体制机制，有效推动业务外包"全过程、全范围、全项目、全口径、全维度"精准规范管理，实现公司运营效率效益的整体提升。一是率先形成"专业协同，流程清晰"的业务外包计划和预算管控机制，人资、财务、发展和各专业部门协同配合，统筹部署项目储备和计划申报、审查工作，实现业务外包项目和费用的有效管控；二是率先形成"方法科学、内容差异"的业务外包成本费用标准体系，差异化采用多种成本核算方法，制定业务外包人工成本费用标准，为各单位规范开展业务外包提供有效依据；三是率先形成"覆盖全面、颗粒统一"

的公司全业务名录，对业务进行细化分解，形成颗粒化全业务名录，以此为基础构建"1+N"业务外包清单体系，有效规避核心业务外包风险。

一、背景和问题

（一）业务外包管理还需进一步规范化

业务外包已成为弥补人力资源不足的重要手段，在保障各项业务有效开展中发挥着积极作用。合理有序的业务外包可以降低运营成本，减少管理风险，聚焦核心业务，提高核心竞争力。然而，业务外包管理存在范围不清、标准不明等问题，不但使业务外包优势难以发挥，还可能带来成本监审等一系列运营风险。2018年，国家电网对业务外包提出了规范管理要求，包括厘清业务外包范围、制定业务外包成本费用标准等，为优化业务外包管理指明了方向。国网江苏电力开展业务外包管理机制创新是落实国家电网业务外包规范管理要求，提升业务外包管理水平的重要举措，就是要通过系统梳理业务外包现状、明确界定业务外包范围、科学测定符合实际的外包成本费用标准，奠定业务外包规范管理基础，不断提升业务外包管理水平。

（二）业务外包降本增效还有提升空间

国家电网劳动生产率是一般央企的 4 倍，但从人均成本利润率来看，在全国 50 家大型央企中排名靠后，表明企业的成本负担较重。随着电力体制改革持续深化，电网企业原有的经营地位正在被打破，很多固有利益正在被调整，工商业电价连续下调，降本增效的压力与日俱增。推行业务外包，利用社会低成本资源成为压降成本的有效途径和手段。然而，若业务外包缺乏标准、管理不善，则虽然部分专业已大规模推行业务外包，还是会不断出现"扩机构、争编制、要人员"的状况，导致成本不降反增。国网江苏电力开展业务外包管理机制创新，就是要通过科学测定业务外包人工成本费用标准，进一步规范业务外包用工成本管控，实现降本增效目标，获得持续发展能力。

（三）亟须通过业务外包支撑业务发展

随着电网建设和维护工作越来越繁重，电网规模增长与严控用工总量之间的矛盾愈发突出，业务外包模式为破解这一难题创造了条件。国网江苏电力约有 38 000 人，主业人员约 30 000 人，人员偏少，总体缺员，每年新进 1 000 人左右、退休 1 500 人左右，除个别专业，大部分专业都迫切需要调动社会用工以解燃眉之急。此外，电网企业一线结构性缺员矛盾长期存在，通过业务外包模式，可使长期员工减少对非核心业务的投入，将精力专注于核心业务。开展业务外包管理机制创新，就是要明确业务外包范围与规模，在摸清家底的基础上，利用业务外包模式，减少对非核心业务的人力资源投入，释放和优化用工配置，破解公司用工难题，支撑业务发展，增强核心竞争力。

在国网江苏电力由人资部组织，抽调各专业相关负责人及业务骨干梳理全业务名录，明确外部业务范围，在此基础上优化全过程管控，查漏补缺，以用工管控和费用管控为抓手，优化管理机制，见图 5-1。

二、主要做法

（一）实施分级管控，搭建业务外包全范围清单管控体系

1. 精心组织，建立公司全业务名录

遵循 MECE 法，以"相互独立，不重叠；完全穷尽，不遗漏"为原则，

以业务性质、工时类型、工作量及外包特征为业务颗粒度划分标准，结合各业务现状及未来发展趋势，从各专业抽调相关负责人及业务骨干作为内部专家进行业务分析与全业务名录梳理，涉及业务外包相关信息数据约 19 万条，确保业务全面覆盖，见图 5-2。

图 5-1 基于"建制度、理清单、核成本、管人员、优配置"
的业务外包管理机制创新体系

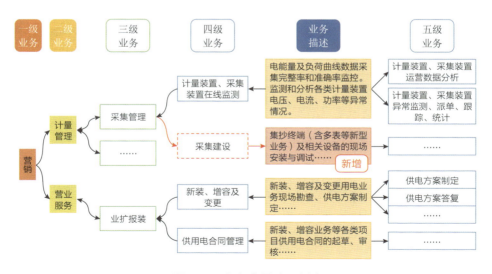

图 5-2 业务名录（示例）

依据《国家电网公司供电企业劳动定员标准》《国家电网公司岗位分类标准》等文件，以江苏省电力业务现状为基础，综合分析业务变化及新业务发展趋势，结合国家电网劳动定员分类及岗位分类，搭建五级业务梳理框架，厘清各级业务归属关系。公司全业务目录覆盖规划、建设、调控、检修、营销、信息通信、物资供应保障管理、经济法律管理、内部审计、科技管理、新闻宣传、后勤这 12 项专业业务，分析梳理各专业业务工作细项 1 905 项，采用"相互独立、完全穷尽"的分析法，以业务基本结构为源头向下逐级细化、新增实施业务分解，以业务工作细项为基础向上逐级合并、注重实施归纳，双向构建界面清晰、全面覆盖的全业务名录，见表 5-1。

表 5-1　业务名录梳理示例

国网江苏省电力有限公司全业务名录				
一级业务	二级业务	三级业务	四级业务	五级业务
规划	9	30	119	181
建设	4	12	43	70
调控	9	15	73	136
检修	7	39	241	608
营销	14	32	161	369
信息通信	2	12	142	166
物资供应保障管理	4	11	43	153
经济法律管理	1	18	58	73
内部审计	1	3	6	21
科技管理	1	11	19	19
新闻宣传	1	8	23	41
后勤	5	17	48	68
总计	58	208	976	1 905

2. 兼顾差异，构建外包清单"1+N"管理机制

对照国家电网业务外包制度框架，国网江苏电力在确保核心业务不外包的前提下，扩大现行负面清单辅助性业务外包范围，重点加强对接推进

运检、营销专业负面清单授权，制定国网江苏电力业务外包负面清单，将外包负面清单作为业务外包管控的核心，在业务外包的立项、预决算、物资招标等各环节严格把控，确保业务外包合理合规。在国网江苏电力"1"管控清单的基础上，建立了地市层面的"N"应用清单。统筹考虑各供电公司人员配置的差异性，指导各单位在负面清单的基础上，差异化制定本单位业务外包应包清单，见图5-3。

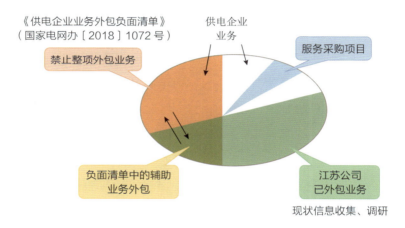

图5-3　业务外包清单范围

选取国网苏州供电公司、国网无锡供电公司为试点，在国网江苏电力负面清单范围内，以运检、营销专业为突破口，结合人员配置情况，从降本增效目标出发，编制本单位鼓励外包业务清单和限制性业务外包清单，见图5-4。对于列入限制性业务外包清单的，在完成后逐步考虑收回。对于列入鼓励外包业务清单的，争取国网江苏电力的政策支持，加大外包力度，在地市级供电公司统筹费用中及时调整，减少限制性外包业务费用支出，增加对鼓励外包业务的支持。

构建外包清单"1+N"管理机制，既可规避核心业务外包风险，又能发挥业务外包优势，借助外部资源，支撑业务正常开展。

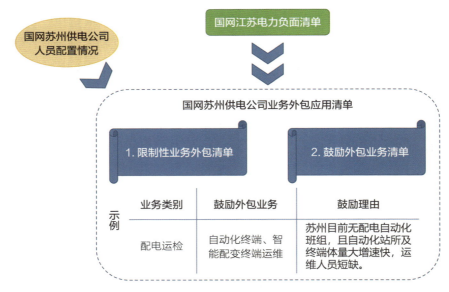

图 5-4　国网苏州供电公司业务外包应用清单示意

（二）坚持问题导向，搭建业务外包全过程制度规范体系

1. 准确分类，指导业务外包工作推进

通过对现有外包项目进行分析，结合国家电网及行业文件精神，依据合同签订主体对业务外包进行分类。将经营范围内的业务，通过与其他法人单位（包括国网江苏电力系统各子公司、控股公司、代管单位、集体企业）签订合同，采用劳务外包或专业外包的方式，完成相关任务的企业间经济行为确定为业务外包的范畴。同一法人主体内部的业务委托不属于业务外包范畴，由其他法人单位承接企业经营范围外业务的经济行为属于外部服务采购，也不属于业务外包范畴。根据实施方式的不同，可将业务外包划分为劳务外包和专业外包；根据管理方式的不同，又可将业务外包划分为综合计划内业务外包和综合计划外业务外包。不同的分类可满足不同的业务外包管控需求，见图 5-5。

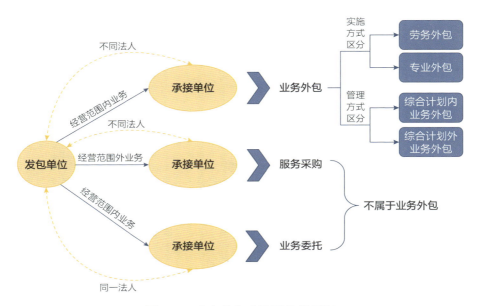

图 5-5　业务外包范畴及分类示意

2. 明晰界面，压实业务外包管理责任

按照"统一管理、分级实施"的原则，进一步明确各部门、各单位在业务外包管理中的职责分工，明确人资部作为牵头部门，归口负责业务外包管理工作，同时也对发展部、财务部、安监部、物资部、法律部、审计部、监察部以及各单位的职责进行了明确，形成了人资部牵头、专业部门协同、各单位共同推进的责任保障体系，压实业务外包管理责任，见图5-6。业务外包工作开展时，财务部牵头，人资部配合，各专业部门具体负责，要按年度做好业务外包项目预算执行情况的监督检查和跟踪分析，将有关意见建议反馈给相关单位，并根据需要对检查结果进行通报。业务外包工作评价与考核由各级人资部门牵头，各专业部门和安监部门负责具体实施，涵盖业务外包计划预算、招标采购与实施管理的全过程。初步建成了职责界面明晰、流程开展严密、考核评价有力的业务外包管理过程体系。

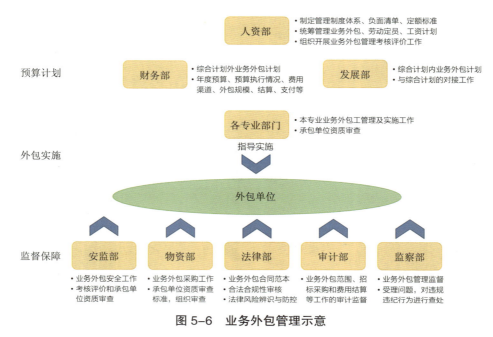

图 5-6　业务外包管理示意

3. 创新流程，管控业务外包关键环节

结合实际，明确现阶段业务外包工作以规范管理为主，统筹强化业务外包计划和预算管理。综合计划内业务外包主要包括生产大修、生产辅助大修、电力营销投入（成本性投入项目）、电网信息化（成本性投入项目）、教育培训、研究开发、管理咨询 7 类专项计划涉及的业务外包项目，与公司综合计划实行同步论证储备、编制下达和计划调整；综合计划外业务外包与公司自有成本专项实行同步编制、审核、下达和调整，见图 5-7。与项目评审论证工作同步，增加业务外包合规性审查环节，由各专业部门具体负责，重点审核业务外包的合规性（外包是否超范围）、必要性（与用工配置情况是否匹配）和合理性（费用是否超标准），确保业务外包合规合理。

4. 搭建平台，强化业务外包信息建设

与财务部沟通，积极推进业务外包管理信息化工作。在财务结算环节，将业务外包人工成本作为项目结算的必填项，支持业务外包人工成本数

据的直接获取。组织做好业务外包用工信息系统初始化工作，在国网江苏电力人资系统平台，搭建外包人员模块，下发标准岗位目录，统一业务外包标准岗位目录，便于进行外包人员统计，见图 5–8。建立外包人员信息月报制度，督促各单位根据外包人员变化情况实时更新、动态调整，确保系统与实际一致，实现对外包人员用工状况的实时在线管控。

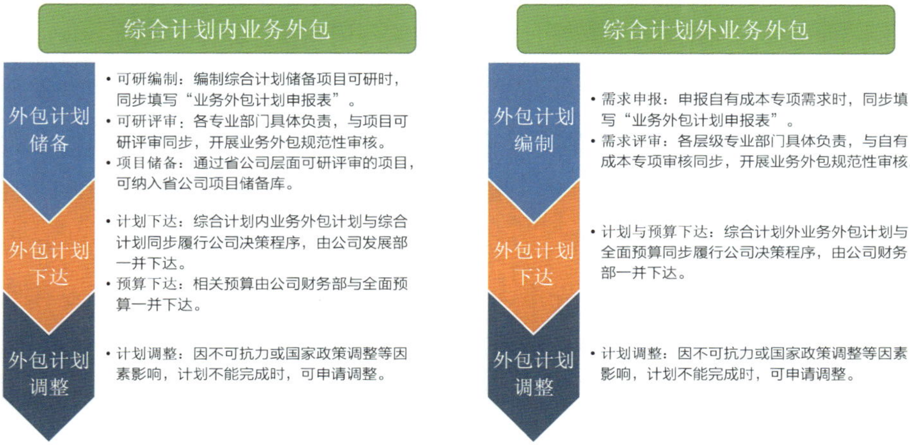

综合计划内业务外包
外包计划储备
• 可研编制：编制综合计划储备项目可研时，同步填写“业务外包计划申报表”。
• 可研评审：各专业部门具体负责，与项目可研评审同步，开展业务外包规范性审核。
• 项目储备：通过省公司层面可研评审的项目，可纳入省公司项目储备库。
外包计划下达
• 计划下达：综合计划内业务外包计划与综合计划同步履行公司决策程序，由公司发展部一并下达。
• 预算下达：相关预算由公司财务部与全面预算一并下达。
外包计划调整
• 计划调整：因不可抗力或国家政策调整等因素影响，计划不能完成时，可申请调整。
综合计划外业务外包
外包计划编制
• 需求申报：申报自有成本专项需求时，同步填写“业务外包计划申报表”。
• 需求评审：各层级专业部门具体负责，与自有成本专项审核同步，开展业务外包规范性审核。
外包计划下达
• 计划与预算下达：综合计划外业务外包计划与全面预算同步履行公司决策程序，由公司财务部一并下达。
外包计划调整
• 计划调整：因不可抗力或国家政策调整等因素影响，计划不能完成时，可申请调整。

图 5–7　业务外包计划和预算管理流程

姓名
性别
出生年月
单位
机构
岗位
员工状态
员工性质

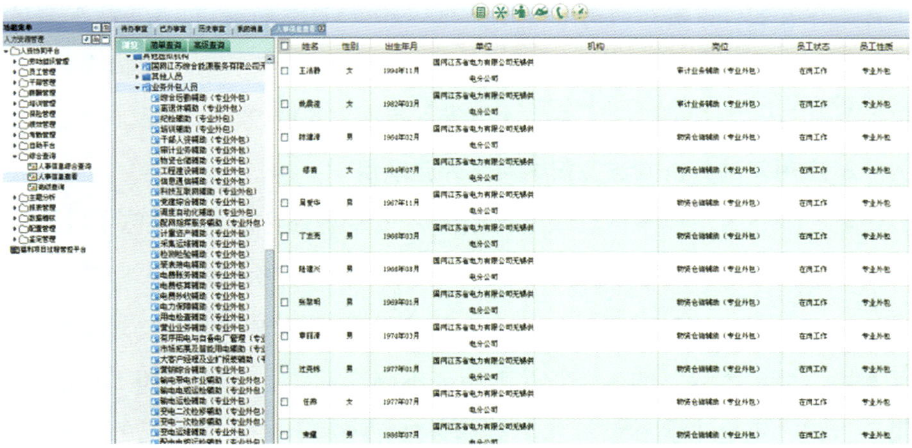

图 5–8　业务外包用工信息系统模块

（三）精准数据分析，搭建业务外包全项目成本核算体系

1. 摸清外包费用规模，深入分析业务现状

外包费用由各单位自行统筹使用，差异性较大，为此通过大数据统计分析和实地调研，对各单位实际开展的业务外包项目金额、各项目人工成本及用工情况进行全面系统的摸底，以支撑业务外包人工成本标准的科学测算，为省公司规范业务外包费用下达标准和地市公司编制费用调整方案提供依据。

摸清业务外包从合规管理和成本管控方面可安排的费用总额和裕度空间出发，梳理运检、营销、信通等重点专业业务外包费用预算列支科目及费用规模。据不完全统计，2019 年，国网江苏电力各专业业务外包项目共 11 521 个。通过分类收集和汇总计算，人工成本占外包费用总规模的 68.8%。运检专业业务外包费主要用于输电无人机巡视、输电设施电力保障等业务外包，变电站消防、变电站屏柜清洁、变电站无人机巡检、变电站电容器组维护等业务外包，以及配电的农网抢修点、城网抢修点、自动化运维等业务外包；营销专业业务外包费用主要用于用采负控运维、外包营业厅、电费催收及上门服务、抄表、客户优质服务等外包业务。从摸底调研来看，由于各单位外包方式和内容各不相同，难以针对每个项目进行人工成本测算，需要参考可外包业务清单，收集各单位实际外包项目信息，归纳成典型外包项目并与业务名录对应，作为人工成本标准测算的基础，见表 5-2。

2. 应用多种分析方法，归纳典型外包项目

业务外包人工成本信息收集覆盖国网江苏电力现有实际外包项目类型，数据源于实际外包业务，应用正态分布检验、极差分析、线性回归拟合等方法，并充分考虑区域差异，经过多次测算验证后形成体现"业务差异、用工差异、地域差异"的统一管控人工成本测算标准。经过对 10 310 条关于用工方式、资金来源和结算状况等业务外包项目开展实际情况的调研数据的分析，最终形成典型外包项目 326 个。

表 5-2　典型外包项目与实际外包项目对应示例

一级业务	二级业务	典型项目数量	实际项目数量	一级业务	二级业务	典型项目数量	实际项目数量
规划	投资管理	2	52	营销	计量管理	19	531
	项目前期	1	26		低压台区线损管理	1	18
	电网规划	1	6		客户服务	4	238
	统计分析	2	16		营销管理	1	19
调控	调度监控	6	325		营销技术	1	86
	自动化	1	83		电费抄核收	1	87
检修	输电运检	44	1 252		用检管理	1	46
	变电检修	26	888		智能用电	2	11
	变电运维	55	2 303	信息通信	通信	20	318
	运检计划	6	15		信息	27	551
	运检技术	12	144	物资供应保障管理	物资供应质量管理	3	94
	直流运检	9	28		供应商服务	1	1
	配农网运检	79	3 133	内部审计	内部审计管理	1	40

　　实现所有外包项目均可溯源业务名录，使基于典型外包项目的人工成本标准能够有效指导业务外包工作的开展，见图 5-9。

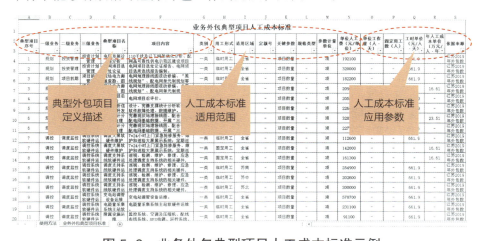

图 5-9　业务外包典型项目人工成本标准示例

3. 创新成本测算模型，拓展标准适用范围

为增强标准的准确性和适用性，针对不同类型项目特点，广泛收集各单位外包项目数据，总结归纳各类项目用工特点，最终形成"定额模型""定员模型""工时模型""工作量模型"四种测算模型，见表 5-3。

表 5-3 测算模型简介

类别	适用范围	用工形式	计算方法	典型项目示例
定额模型	主要适用于人工成本可以通过设备数量、操作次数、任务数量等参数进行量化的专业外包。	临时用工	总人工成本 = 关键参数 × 单位人工成本 折算用工数 = 总人工成本 ÷ 工时单价 ÷ 全年工作时间	通道巡视无人机巡检红外测温
		固定用工	总人工成本 = 关键参数 × 单位人工成本 折算用工数 = 总人工成本 ÷ 年人工成本单价	
定员模型	主要适用于长期用工的劳务外包，根据外包业务工作量，测算标准用工数。	固定用工	折算用工数 = 关键参数 × 用工数标准 总人工成本 = 折算用工数 × 年人工成本单价	电费催收仓储基本业务
工时模型	主要适用于短期用工的外包类型，工作量可以通过设备数量、操作次数、任务数量等参数进行量化。	临时用工	工时工作量 = 关键参数 × 单位工作量 折算用工数 = 工时工作量 ÷ 全年工作时间 总人工成本 = 工时工作量 × 工时单价	开关机械特性试验设备巡检维护
工作量模型	主要适用于工作量难以预估的业务外包项目，需要外包单位根据实际工作情况提供实际工作量数据或项目人工成本，再根据历史数据测算人工成本单价，形成最终折算用工数和总人工成本。	固定用工	项目人工成本已知： 折算用工数 = 项目人工成本 ÷ 年人工成本单价 实际工作量已知： 折算用工数 = 实际工作量 ÷ 全年工作时间 总人工成本 = 折算用工数 × 年人工成本单价	变电站绿化消防系统维护
		临时用工	项目人工成本已知： 折算用工数 = 项目人工成本 ÷ 工时单价 ÷ 全年工作时间 实际工作量已知： 折算用工数 = 实际工作量 ÷ 全年工作时间 总人工成本 = 实际工作量 × 工时单价	

采用不同测算模型，匹配基于设备数量、工作时长、工作人·天数等情况的业务外包项目，增强标准的适用性。

4.制定外包成本标准，充分发挥指导作用

为保证业务外包人工成本标准的科学性和适用性，在测算过程中，创新性地运用偏最小二乘模型、相对极差分析、正态分布显著性差异分析、标准适用条件（地域适用性、用工形式适用性）差异化分析等梳理统计分析方法，制定业务外包人工成本标准。

一是采用正态分布假设检验（见图5–10），计算数据列95%置信区间，排

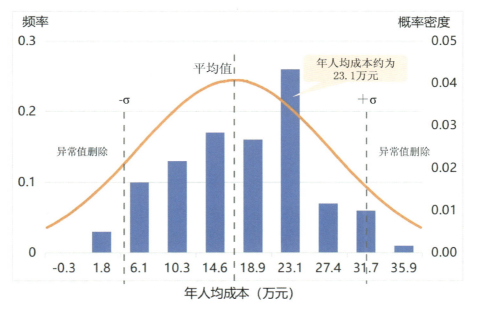

1. 横轴为年人均成本（万元）。

2. 主纵轴（左边）为实际年人均成本在该区间内的项目数量占比，对应图中柱状图。

3. 次纵轴（右边）为依据实际数据拟合形成的标准正态分布的概率密度（可以理解为实际年人均成本落在该处的概率），对应图中曲线。

4. 通过正态分布验证，可以明确数据的离散程度，分析异常数据原因，核实或剔除错误数据，提高数据的可信度。

图5–10　外包业务年人均成本的正态分布图

除 95% 置信区间外偏离数据，形成新数据列，提高数据集中度。分别计算均值 μ 和标准差 σ。变异系数 CV 表示数列的离散程度，用于判断数列的集中度和可信度，处于 30% 以内视为数据集中度和可信度较低，30% 以上则视为较高。

二是采用最小二乘回归分析研究因变量与自变量之间的函数关系，核心思想是建立线性回归模型，根据实际数据通过最小二乘估计，求解模型的未知参数。若函数通过显著性检验，则最终得到两组变量之间的函数关系，见图 5-11。

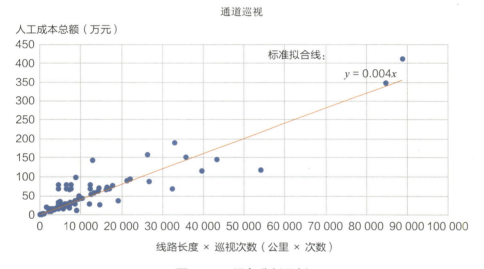

图 5-11　回归分析示例

三是创新区域性差异比较方法。结合江苏省各地市经济发展水平和员工工资待遇的实际情况，归类合并为三个地区，即：苏北地区，包含连云港、淮安、宿迁、徐州和盐城；苏中地区，包括扬州、泰州和南通；苏南地区，包括南京、苏州、无锡、常州和镇江。以典型项目营业厅综合业务及日常运营为例，分别计算三类地区极差和回归曲线，判断彼此之间是否存在统计差异，有差异则分地区核算，无差异则采用全省统一核算标准，见图 5-12。

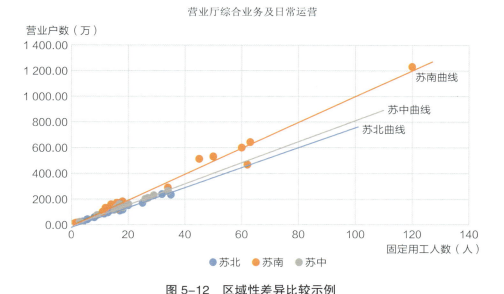

营业厅综合业务及日常运营

图 5-12　区域性差异比较示例

（四）加强管控措施，搭建业务外包全口径用工管理体系

1. 明确外包人员管理对象和职责界面

　　将各级供电公司、直属单位和三新供电服务公司所雇用的劳务外包人员和长期专业外包人员，以及省管产业单位所雇用的劳务外包人员列为业务外包管理的对象。将业务外包人员划分为劳务外包人员和长期专业外包人员，针对不同的外包人员差异化制定外包人员管理政策。国网江苏电力坚持"谁用工谁负责"的原则，建立了外包人员的管控机制，明确了各单位人资部门在外包用工中的归口管理职责，即负责人员入口、核定人工成本费用、人员信息维护等工作；明确各单位专业部门是业务外包人员的日常管理主体，负责外包人员具体的日常管理工作；明确安监部门负责业务外包人员的现场安全管理；明确综合室（物业公司）负责业务外包人员的支持管理等，见图5-13。

图 5-13　业务外包职责分工

2. 协同做好用工日常管理

加强人资部门与安监、后勤等部门的协调配合，围绕出入门禁、就餐和停车证等重要环节，研究制定业务外包用工进入安全工作现场、办公场所的"双准入"制度，配备门禁、用餐"一卡通"，经人资部门审核批准方可申领、变更，从关键处着手，摸清业务外包规模。定期开展业务外包人员专项监督和检查，对掌握的外包情况进行核实，对违反外包管理相关规定、刻意隐瞒外包用工的情况进行考核，强化外包用工管控。

3. 加强业务外包成本管控

完善劳务外包用工薪酬管理体系，结合用工单位性质、外包人员的岗位和工种，参考社会相同人员的薪酬水平，建立薪酬等级制度，统一薪资构成和科目，规范集中审核发放流程；协同财务部、外包单位，贯通外包费用全过程管理，实现外包规模可控、在控；强化业绩导向，构建与经营效益、关键业绩指标挂钩的工资增量核定机制，以人工成本管控倒逼用工总量、质量控制。

（五）突出双管齐下，搭建业务外包全维度配置优化体系

1. 建立全口径人工成本核定机制

在业务外包人工成本科学计算的基础上，开展全口径人工成本分析，研

究制定供电企业单位规模（设备、用户、电量等维度）下的全口径人工成本核定模型。明确供电企业人工成本预控要求，着力于各单位人工成本评价结果应用，构建全口径人工成本考核指标及薪酬分析联动体系，突出人力资源投入产出效率导向。通过动态调整内部各专业及各单位间业务外包费用安排、新员工补员、工资总额分配、用工结构调整等策略，提升人力资源投入产出效率。

2. 建立全口径用工配置管控机制

以全口径人工成本为依据，在现有主业定员体系的基础上，制定业务外包定员体系，确保全口径定员水平与全口径人工成本同频共振，加强对全口径用工配置的指导。按照统筹差异、因地制宜的原则，完善"1+N"定员体系，指导各单位结合主业人员配置，自行设定主业定员与外包定员指导线，增强定员对实际工作的指导意义，见图5-14。

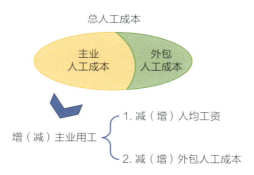

图 5-14　全口径人工成本管控机制示意

以各单位、各专业下达业务外包项目总量为基础，将业务外包项目的预算总额作为业务外包定员测算的基础。结合人工成本测算模型，分项目类型测算人工成本总量，结合工作岗位类型、社会行业水平等确定人均年度薪酬水平，折算外包定员，形成各单位、各专业全口径用工配置率。结合全口径定员、主业人员配置和业务外包人员现状，开展全口径用工自我

105

诊断，摸清家底，分专业、分部门建立本单位全口径人力资源配置"一本账"。做好各专业、各部门主业用工配置与业务外包费用投入的统筹平衡，制定下一年度业务外包费用安排策略及新员工补员分配策略，推进人力资源有序流动，缓解结构性缺员矛盾。

$$全口径用工配置率 = \frac{主业用工 + 外包用工}{主业定员 + \boxed{外包定员}} = \frac{外包人工成本}{标准人工成本}$$

通过科学精准的人工成本核定方法计算人工成本，构建涵盖与企业发展有关的重要因素的人工成本模型，以成本管控为目标，通过调节主业人数、工资总额、外包人工成本总额等因素，不断提升人力资源投入产出效率，达到减员增效、降低成本的目的，推动各类用工效率最大化。

三、实施成效

（一）管理效益

管理效益显著提升。在未来业务外包申报与批复过程中，将体现出"五化"特色。

一是流程规范化。国网江苏电力下属各单位依据业务外包计划申报审核程序，压力层层传递，领导班子按照"三重一大"议事规则研究后上报，各专业部门协同审核，人资部门、财务部门最后协同收口，确保申报和审核过程规范。

二是费用显性化。利用数据统计分析和大数据建模测算，将过去部分通过各种隐性渠道的业务外包费用清晰明了地体现出来，通过正规费用渠道实施预算管理，纳入业务外包管控范围。

三是内容标准化。国网江苏电力下属各单位都在业务外包申报模板的固化菜单中选取项目，采取统一的成本测算标准，填报内容和数据规范标准，便于基层单位申报，易于统计分析。

四是标准差异化。 根据业务、地区（苏北、苏中、苏南）、用工方式（外包业务长期用工、外包业务临时用工）等差异采用了相适应的外包费用和用工测算标准，保证批复的外包费用符合当地的实际情况。

五是配置统筹化。 结合各单位、各专业部门实际用工状况，依据"禁止外包、限制外包、鼓励外包"三种业务清单，指导制定用工配置策略，实现全口径用工配置统筹，灵活调整外包用工，更快、更准推进配置优化，解决了主业用工流动灵活性不足的问题，为高效应用和实施全口径用工配置优化提供了支撑，提高了用工配置水平。

（二）经济效益

通过建立业务外包人工成本标准，据此折算外包用工数，并纳入全口径用工配置核算，避免了既给外包费用又给用工配置双重人工成本的产生。

一是促进降本增效。 结合超员情况量化业务外包许可范围，通过对各单位业务外包人工成本的科学测算和合理管控，倒逼各单位盘活内部存量人力资源，探索研究自营模式下的各项配套政策，实现人工成本管控的目标，有效促进企业降本增效。

二是规范费用下达。 通过理顺业务外包费用下达的渠道、标准和规模，结合主业配置率和人工成本标准的研究，对各专业部门费用下达的范围、规模进行指导，减少费用的相互挪移和浪费，将业务外包费用与各单位人员配置紧密结合，真正促进业务外包与主业的相辅相成，为费用优化和管控打下基础。

三是支撑配置优化。 通过全口径用工配置体系的构建，进一步压降各单位主业用工需求，同时对显性缺员、隐性超员的单位采取减少大学生分配、降低团队工资等措施，倒逼用工单位人员流动，满足各单位扩展新业务的需要，支撑人力资源配置优化，推动各单位用工结构优化，用工总数、区域合理，实现国网江苏电力对总用工人数的管控目标。

（三）社会效益

随着业务外包的深入、规范开展，在增加社会工作岗位、提升服务质量方面具有较强的社会效益。

一是提升供电服务质量。由于电网企业覆盖的业务领域广泛，随着社会分工越来越精细，一些技术含量较高的非电力相关业务，如信息化、通信等大数据及系统开发业务，可外包给社会上的专业公司，在释放内部培养配置压力的同时提高业务质量和效率，为广大电力客户提供更加高效、专业的服务体验。

二是提升外包人员综合素质。将业务外包人员纳入国网江苏电力全口径管理，通过信息化等手段，能够更加清楚地了解业务外包用工的真实情况，包括职称、学历、年龄和技能水平等因素，各用工单位也能够更好地评估外包队伍能力，同时致力于将业务外包用工作为人力资源的重要管理对象，有针对性地辅助外包队伍开展业务技能、安全知识等培训，持续提升外包人员的综合素质，在提升业务外包工作质量的同时，也协助提升了社会整体用工素质，履行了电网企业对社会的责任担当。

四、启示和思考

（一）业务外包要走向精准管理

业务外包是一种长期存在的用工形式，因此企业积累了一定的业务外包管理经验，要使其发挥好作用，重点在于提高精准性：根据不同业务的特点，制定不同的管理策略，从而达到降本增效的目的。

（二）业务外包全过程系统跟进

当前已制定了业务外包的管控清单体系、制度规范体系、成本核算体系等，形成了较为全面的管理框架。下一步的重点工作是细化和完善体系中的各项措施，坚持系统跟进的思路，统筹整体和细节，提升全过程管控水平。

（三）需要以标准化作为重要支撑

标准化的基本原理是统一、简化、协调和最优化，与降本增效的内在要求相一致。推行标准化有利于减少管理成本、提高管理效益。当前，外包管理体制机制探索和实践已取得显著成效，标准化是持续推进这些工作的重要支撑。

电网企业基于高质量发展的多维协同、多效融合的合规管理文化建设与实践

国网江苏省电力有限公司法律合规部（体改办）

引言： 2021 年，国家电网位列《财富》世界 500 强第二。作为国家电网排头兵，国网江苏电力以组织体系、工作机制、体系融合、保障机制"四线"并行的模式，持续促进业务与合规深度融合，助力公司连续 10 年业绩考核实现"A+"，高居第一名。

摘要： 国网江苏电力以构建具有电网企业特色、符合企业发展定位、业务与合规有效融合的合规管理体系为目标，着力建设多效融合的合规管理文化，坚持全面覆盖、突出重点、问题导向、多效融合的原则，全面梳理当前电网企业合规管理存在的问题，深挖合规内涵以及合规与合法、全面风险管理的关系，厘清合规工作界面。在组织体系方面，推进合规管理与公司治理有机融合，完善合规管理制度体系，积极培育合规文化；在工作机制方面，落实"月报告、季推进、年总结"工作机制，建立并深化合规风险识别、预警及应对机制，加强合规与业务融合，优化

业务部门、合规管理部门及监督部门各负其责的"三道防线"机制；在体系融合方面，构建法律、财务、审计、监察"四位一体"的合规自律监管模式，实现现有管理体系的协同联动；在保障机制方面，建立合规咨询机制及监督协调机制，加强合规队伍建设，推动各部门设置合规管理员与联络员，推进法务团队向合规团队提升。实践证明，多效融合、基于高质量发展的多维协同合规管理文化建设与实践有效提升了国网江苏电力合规风险防控水平，相关做法入选国家电网 2020 年度合规管理创新经验成果。

一、背景和问题

（一）落实中央部署、建设一流企业的内在要求

近年来，党中央、国务院一直在强调防风险，要求牢固树立底线思维，强化风险意识。中央全面依法治国委员会前三次会议均提出要落实依法合规等要求。国资委多次发文部署风险防控和合规工作，不断强化监管和追责，明确提出"强内控、防风险、促合规"的管控目标。2015 年出台的《关于全面推进法治央企建设的意见》就明确提出，中央企业要着力强化依法合规经营。2018 年，《中央企业合规管理指引（试行）》《企业境外经营合规管理指引》相继出台，对中央企业合规体系构建提出具体要求。最高人民检察院于 2020 年在 6 个基层检察院部署企业刑事合规不起诉改革试点，并于 2021 年发布《关于开展企业合规改革试点工作方案》。国网江苏电力作为具有影响力和带动力的国有企业，全面贯彻习近平法治思想，不断强化依法合规管理，防范化解重大风险，是贯彻落实党中央、国务院决策部署的使命担当和重大责任，也是建设法治企业和一流企业的内在要求。

（二）适应形势变化、解决突出问题的现实需要

深化内控、合规管理，防范化解重大风险，是国网江苏电力适应严峻国际形势、推进改革发展的重要保障。习近平总书记指出，当今世界正面临"百年未有之大变局"。突如其来的新冠肺炎疫情，叠加中美经贸摩擦持续演化，给企业经营发展特别是"走出去"带来前所未有的风险和挑战。近年来，电网企业面临的外部监管日趋严格，监管机构对电网企业投资、成本、收入的监管力度持续加大，市场主体对电网企业信息公开透明提出更高要求，可再生能源并网与消纳监管成为关注焦点，国企违规经营投资责任追究力度越来越大。"双碳"目标的提出，也对构建以新能源为主体的新型电力系统提出更大挑战。电网企业肩负实现国家能源战略布局的历史使命，在外部经济环境、监管环境发生重大变化的情况下，要充分认识形势变化，既要坚守合规经营，也要充分考虑各种风险因素，守牢安全底线。开展合规管理体系建设，有利于国网江苏电力适应外部监管和内部治理环境的新变化，妥善解决改革发展过程中的新问题。

（三）落实公司战略、实现基业长青的重要基础

一直以来，国网江苏电力高度重视法治企业建设，不断提高风险防范能力，有力保障了公司的健康发展。进入新时代，国网江苏电力确立了"在具有中国特色国际领先的能源互联网企业建设中当表率、做示范"的目标。实施公司战略，更需要重视合规管理的基础作用。随着公司业务和管理的加快转型，在电力信息披露、反不正当竞争、知识产权保护、环境保护等领域面临的合规风险越来越突出，需要进一步落实依法合规的理念和要求。纵观国内外大型企业的成功经验与失败教训，一旦发生重大违规事件，企业可能受到严厉的行政处罚，责任人甚至会承担刑事责任，后果十分严重，有的甚至事关企业生死存亡。没有依法合规、不能防控风险，就不可能实

现国际领先、基业长青。开展合规管理体系建设，有利于主动应对新业务带来的新挑战，不断提升合规风险防范能力，守牢不发生系统性、颠覆性风险的底线，保障公司行稳致远。

国网江苏电力在长期实践中总结经验，认为仅仅依靠法律部门来推动合规制度落实、监督防范风险还不够，合规文化建设以及多方面协同更为根本和长效。因此，企业成立合规管理委员会，从组织、机制、协调等方面多措并举，一体化推进合规管理文化建设工作。

二、主要做法

（一）梳理存在问题，明确总体思路

1.厘清工作要求，发现存在问题

结合《中央企业合规管理指引（试行）》《合规管理体系 – 要求及使用指南》（ISO 37301 ： 2021）等规定，从组织架构、制度建设、工作机制等方面梳理当前电网企业合规管理存在的问题，发现主要有以下五类：

一是对合规内涵认知模糊。对"什么是合规""为什么要合规""如何开展合规管理"缺乏清晰的认识，合规与风险控制的边界不清、外延模糊，直接导致合规工作目标缺失、无法落地以及管理冗余。

二是合规治理处于缺位状态。未能将合规纳入公司治理范畴，缺乏合规治理独立性要求，重形式、轻实质。

三是组织架构尚不完善。未明确合规管理委员会在公司治理中的地位，会议机制运行不顺畅。

四是制度还不够健全。缺少针对重要合规管理机制、重要合规管理领域制定的专项制度。

五是运行保障机制未落实到位。合规管理会议制度、风险识别与预警、

审查审核与监督、违规举报调查与问责、评估改进与报告、合规培训等机制的具体落实方式尚未明确。

2. 明确工作目标，确立基本原则

通过对国内外企业合规发展现状的深入研究与分析，可以发现企业合规发展有两个特点：一是企业合规没有统一的范式，各企业需按照本行业要求及本企业发展需求建立自身的合规管理体系；二是企业合规是一项系统性长远工程，不能一蹴而就，需要久久为功。此外，企业合规发展还有两个趋势：一是从外部压力逐步转为内生需求，二是由专项合规转向全面合规。在此基础上，我们明确了国网江苏电力合规管理工作目标：以习近平法治思想为指引，全面落实国资委和国家电网合规管理工作要求，紧密围绕公司法治建设部署，立足实际、着眼长远，构建具有电网企业特色、符合改革发展定位、业务合规有效融合的合规管理体系，有力地推动公司高质量发展。

第一，坚持全面覆盖、突出重点。将合规管理要求全面嵌入生产经营管理活动，在各领域确定合规管理重点，实现合规人人有责、人人参与，促进全面合规。结合经营发展实际，在重点领域建立与业务融合的合规工作机制，突出对重点领域、重点岗位、重点环节的风险识别与合规管控，强化"关键少数"和重点岗位人员的合规意识。

第二，坚持问题导向、惩防并举。主动适应国资国企改革和电力体制改革形势变化，有效应对内外部监管新要求，全面排查生产经营中存在的合规问题，深入分析制约公司发展的深层次矛盾，提升业务规范化水平。立足防范合规风险，强调关口前移、事前防范和过程控制，通过惩戒手段和形成高压态势，达到警示和预防的目的。

第三，坚持多效融合、强化联动。合规是各业务部门应尽之责，将合规管理与业务开展同安排、同检查督导，将合规管理要求深度融入生产经营，嵌入业务全流程，实现各环节的合规指引。建立业务部门、合规管理部门及

监督部门各负其责的"三道防线"，实现合规管理与现有管理机制的协同联动，有效衔接全面风险管理、内部控制、审计、纪检监察合规管理体系，构建一体多面的合规管理体系。合规体系蓝图见图 6-1。

图 6-1　合规体系蓝图

（二）完善管理体系，培育合规文化

1. 完善组织架构，厘清职责界面

现代企业制度的确立是电网企业改革的方向，在此背景下，国网江苏电力结合国资国企改革、电力体制改革以及内部管理变革要求，将合规管理作为公司治理工程重要抓手。在公司治理框架内搭建合规管理组织架构，成立合规管理委员会，组长由国网江苏电力董事长、总经理担任，副组长由分管领导担任，成员由各部门负责人组成；设置合规管理委员会办公室，确定各部门合规管理人员及联络员，实现上下一体、纵横结合的合规管理体系；明确国网江苏电力党委、董事会、监事会、经理层等机构的职责；设立合规管理负责人，领导合规管理部门开展工作；探索网络化管理，全面推进市县公司级单位全面成立合规管理委员会，实现省市县三级一体化协同推进合规管

理工作，基层单位合规管理能力不断强化，支撑保障作用充分发挥。

2. 健全制度体系，强化规则保障

制度是工作顺利开展的基础。国网江苏电力将合规管理制度体系建设作为现代企业制度建设的重要内容加以推进，根据《国家电网有限公司合规管理办法（试行）》，结合本单位实际，制定并印发国网江苏电力《合规管理实施细则》，明确了合规管理职责以及合规管理重点业务要求，以制度形式将公司合规管理体系作用发挥落到实处，强化员工行为管理，建立合规风险防范长效机制，促进全面合规，见图6-2。压紧压实各部门、各单位负责人合规管理第一责任人职责，以流程图的形式明确了"三道防线"职能，有效推进相关责任人规范履职，确保合规管理发挥实效。修订"三重一大"等议事规则，同步开展专项合规管理规范建设，对现有管理制度进行查漏补缺，增加与业务相关的合规要求。强化反垄断合规管理实施办法、数据合规管理指导意见等制度文件的落实，汇编相关合规制度，编写合规操作指南，形成合规手册，提升制度宣传贯彻效果。

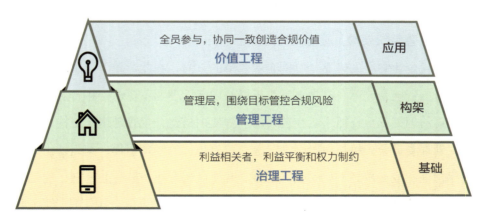

全员参与，协同一致创造合规价值
价值工程
应用

管理层，围绕目标管控合规风险
管理工程
构架

利益相关者，利益平衡和权力制约
治理工程
基础

图 6-2　管理体系

3. 建设合规文化，提升合规意识

将依法合规理念列为企业文化的重要内容，发布合规倡议，倡导全员确立合规立身的价值理念和合规经营价值追求。通过楼宇电视、宣传展板等加强合规行为准则宣传贯彻，发放宣传读本 522 份。建立制度化、常态化合规培训机制，把合规管理作为全员培训的重要内容，纳入年度培训计划，融入专业培训，突出领导人员、优秀青年骨干和新进员工合规培训。依托党组会议、制度建设等大力宣传贯彻合规理念，着重加强领导人员和重点岗位人员培训，发挥领导人员"关键少数"的引领带头作用，不断增强全体员工的合规行为自觉。开展合规宣传贯彻月活动，制作合规动漫微视频，利用各种载体宣传合规文化理念，利用法治活动月、"国家宪法日"等契机开展合规普及活动，推动合规理念深入人心。将合规文化融入法治文化建设，创建法治宣传教育基地暨法治文化阵地。

（三）推进业规融合，加强风险预警

1. 完善纵横联络协调机制

合规工作的前线是各业务部门，要做好合规管理工作，离不开各部门的协同协作，需要建立起横向、纵向的联络协调机制，确保信息顺畅、工作便捷、效率提升。各部门按月报送合规管理工作小结，合规管理委员会办公室每月召开合规联络员会议，确保及时掌握工作推进整体情况；每季度召开合规管理委员会会议，协调处理合规管理工作中的重要问题和重大事项；每年对合规管理工作进行全面总结，报合规管理委员会及董事会审议。通过"月报告、季推进、年总结"工作机制的落实，一方面确保了合规管理的最新政策、信息、要求等及时传达至各业务部门及全体员工，另一方面保障了合规管理体系建设运行过程中的各类问题有向上反映的渠道，并能够及时得到处理与反馈，提升了工作效率、效益。建立违规事件长效协同处理机制，规范开展违规调查与问责，充分保障合规管理的执行力和控制力。

2. 建立风险识别预警机制

识别合规风险是合规管理体系构建和合规管理工作开展的基础。电网

企业合规风险的主要来源是利益相关者权益的保护，因此风险识别的主要方向就是充分尊重和保护利益相关者的权益，防止因为经营行为损害利益相关者的权益，而产生合规风险。国网江苏电力按照充分尊重和保护利益相关者权益的方向，建立合规风险识别"五步法"（见图 6-3）：第一步，界定本单位、本部门或某一业务模式的利益相关者，并根据法律法规和实际工作中利益相关者的要求，归纳利益相关者的核心诉求，对合规管理工作进行科学分解；第二步，分析合规要素，全面查找法律法规、监管规定、公司制度等合规规则，明确义务性规定、程序性规定、效力性规定、禁止性规定，进而识别具体合规义务；第三步，分析业务流程和操作实践，将现有的业务规定和实际操作流程，与合规义务进行对比，分析出合规风险点；第四步，确认合规风险，根据合规风险点判断合规风险类型；第五步，根据合规风险制定应对措施，完善相应制度、修改相关流程、加强合规培训、加强监督追责等。

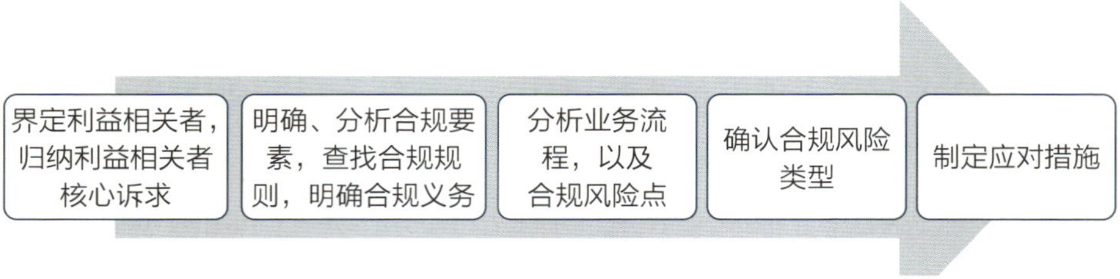

界定利益相关者，归纳利益相关者核心诉求	明确、分析合规要素，查找合规规则，明确合规义务	分析业务流程，以及合规风险点	确认合规风险类型	制定应对措施

图 6-3　风险识别预警机制

在识别合规风险的基础上，坚持合规管理与经营管理紧密融合，构建"合规风险识别评估—合规审查—合规风险应对—合规考核评价"工作流程体系。着力加强对重点领域、重点环节、重点人员的风险防控，从风险发生的概率、可能造成的影响以及损害级别三个维度对合规风险进行评估，对于典型、普遍和后果较严重的风险，通过定期的合规信息简报以及对热点事件的专项合规风险及时发布预警，执行相应的防范措施。

3. 深化合规审查审核机制

合规审查审核是加强合规管理的具体手段，是确保业务合法合规的重要保障。从三道防线的设置来看，合规审查更多的是聚焦具体业务内容，应当由第一道防线牵头组织开展；合规审核更多的是"形式审核＋重点合规要求审核"，应当由第二道防线组织开展。在此思路下，加强常规业务合规审查，围绕可能产生影响的外部风险，分类建立合规审查流程，编制"业务部门常规合规审查事项清单"，督促业务部门对本业务领域工作事项的完备性、规范性开展合规审查，并于每季度末将合规审查意见单报送合规管理部门备案，强化合规管理第一道防线作用。进一步完善重大事项合规审查审核机制，切实防范风险。围绕常规事项、重大事项、违规事件，建立梯级联动机制，增强合规管理"自我诊断"和"免疫"能力。

4. 确立重大问题报告制度

报告制度是实际工作中发现问题、解决问题的重要方式。业务部门在工作中发现具有趋势性、典型性、普遍性的合规风险，或者在业务管理中发现重大合规事项的，应当及时向各有关部门、单位发布合规预警，并以书面的形式报告合规管理部门。合规管理委员会办公室组织重大事项合规审查论证，研究形成重大事项专题报告，根据需要向有关领导或合规管理委员会汇报。增强违规事件报告的规范性与及时性，确保满足监管要求，最大限度减少负面影响。各部门针对所牵头的重点合规计划编制年度专题分析报告，对本部门年度合规管理工作开展情况进行总结并报合规管理委员会办公室。合规管理委员会办公室研究编制年度合规管理总报告，报合规管理委员会审议并发布。

（四）深化体系运行，提升管理质效

1. 以控制计划实现风险有效管控

突出重点，聚焦落实，将合规与公司发展战略、运营管理深度融合，分别建立公司层面和部门层面两级风险控制计划。由各部门结合自身业务特点，根据紧迫性和重要性梳理重点合规风险，制订本部门合规风险控制计划；合规管理委员会办公室根据国家电网合规管控重点和战略重点，结合各部门计划，形成重点合规风险控制计划，针对每项合规风险制定专项控制措施，明确控制目标和实施进度计划。由各部门负责本部门合规风险控制计划的实施，向合规管理委员会办公室反馈实施情况。由合规管理委员会办公室负责公司层面重点合规风险控制计划的协调推进工作，并汇总各部门合规风险控制计划实施进度，定期向合规管理委员会报告，确保有效落实计划、切实防范风险。

2. 以三道防线确保职责落实到位

将合规管理与完善内部工作机制相结合，编制 4 大类 16 种常规合规审查事项清单，查找管理漏洞，健全业务管理制度和流程，推动业务部门落实合规管理"第一道防线"职责。建立合法合规性审核流程，将合法合规性审查作为法律审查的重要内容和标准，突出重要制度、重要文件、重大决策、重要合同等重点合规管理领域，将业务部门合规审查、法律部门合法合规审核等环节嵌入重大决策、制度管理、合同管理等业务流程，实现合规管理与经营活动的有机融合。落实监督问责机制，安监、审计、监察等部门将合规管理监督作为主要内容纳入各类监督工作，强化对部门及个人的合规监督，加强事前事中监督，畅通违规行为举报渠道，对违规个案整改情况予以督促与跟进，有效落实监督结果。

3. 以建账销号促进事件妥善处置

发布关于做好违规事件上报工作的通知，明确违规事件上报程序及时间要求等。开展违规事件应对与处置研究，明确违规事件的处置流程和标准，细化接受外部调查和开展内部调查工作的操作规范，提高各职能部门在工作过程中的协同配合能力。建立合规风险清单销号制度，针对重点风险控制计划，各部门细化合规风险，形成重点合规风险清单销号体检表。合规管理部门组织各业务部门从法律法规、企业制度、负面影响、发生概率、损害级别等合规角度进行分析，并提出合规化改进建议，各部门根据清单内容负责逐项落实，整改一项销号一项。

4. 以考核评价形成合规高压态势

建立违规行为举报制度，完善违规行为举报受理流程，及时组织对违规行为举报进行调查，对违规行为开展核查，结合《员工奖惩规定》，对相关责任人员提出处理建议。切实发挥专业监督作用，深化法律、合规与内控、审计等协同监督的大监督体系建设。建立违规行为问责制度，完善违规行为处罚机制，明晰相关责任范围，结合《违规经营投资责任追究实施办法》，严肃追究违规人员责任。把合规经营管理情况纳入对各部门、各单位负责人的年度综合考核评价及党委政治生态测评等指标体系，对所属单位和员工合规职责履行情况进行评价，并将评价结果作为员工考核、评先评优的重要依据。

（五）推进体系协同，强化资源共享

1. 建立四位一体协同工作机制

建立健全合规、内控、审计、纪检"四位一体"协同工作组织架构，协同构建风控、内控、合规等管理制度和规则，按照制度确立的分工分别实现各部门职能，加强合规与内控、审计、巡视的融合贯通，推动合规风险第二道防线与第三道防线的配合与协作。加强工作互动，协同下达年度工作计划，增强工作内容之间的互补性，统一工作要求，协同组织重大风险事件上报和资料收集，减少对基层在相同、相关工作中的多重布置。各业务培训课程安排进一步融合相关风控、内控、合规管理要求，做到业务人员具备合规意识，合规管理人员了解业务过程、知悉业务合规风险，共同防范经营风险，妥善处理违规事件，协同推进合规管理体系高效运行。通过联合检查行动、日常工作配合等实现合规管理的相互嵌入。就业务流程、业务环节和业务场景共同探讨合规优化方案，将合规措施纳入业务流程、纳入业务信息系统。

2. 推进合规要求纳入信息系统

合规管理工作的有效开展，需要将合规要求嵌入各业务关键环节，与国网江苏电力中心工作、全员职责和经营管理深度融合，做到与业务发展同步部署、同步实施，形成长效机制，促进合规管理体系有效运行。国网江苏电力在充分调研外部先进企业法治、合规信息化建设的基础上，率先开展数字化业法融合探索，选取营销业务进行试点，通过建立工作专班入驻业务系统建设现场，并与信息系统建设人员深入交流的方式，全面梳理营销业务领域存在的合规风险与问题，挖掘业务合规需求，建立业务管理人员和合规管理人员的联席会议机制，就业务合规问题共同决策，寻求解决方案。通过合规计划，设定合规目标，就业务流程、业务环节和业务场景共同探讨合规优化方案。将合规措施纳入业务流程，嵌入业务信息系统，提供强制咨询和合规审查服务。利用联络员会议机制，加强各业务部门之间的沟通交流，固化好的做法，推广好的经验，特别是通过信息化、智能化建设推广合规管理经验，促进各部门、各单位持续提升合规管理水平。

3. 加强专业信息资源共建共享

充分发挥风控、内控、合规等各体系作用，立足解决实际问题，按照共建共享思路，着重加强资源和信息共享；推进风险库共建共享，加强法律法规、监管政策以及在日常工作中收集到的各类风险信息的共享；推进各类工作报告（如内控报告、审计报告、监察报告）共享，对不同部门或工作涉及的报告，涉及对方的及时主动传递给对方；挖掘专业能力强、工作经验丰富的合规、风控专家，分地区、分领域组建柔性专家团队，就合规、风控工作中遇到的普遍性问题、重难点问题共同研讨，提出解决方案；共享不同工作体系的联络员或其他相关管理架构，进一步合并各部门风控、合规管理等联络员，增强业务协同，有力支撑公司风控、合规工作。在信息共享的基础上，通过合规协调会议机制、联合检查行动、日常工作配合等实现合规管理与其他管理的相互嵌入，努力发挥工作合力。

（六）丰富保障机制，提升工作效能

1. 建立一条便捷化的咨询通道

合规咨询机制是至关重要的合规保障机制。合规管理作为一项新生事物，在国内的发展特别是在国有企业的发展时间较短，业务人员对什么是合规、如何开展合规工作等问题尚存在很多认识上的偏差。这就需要在决策、管理、执行的各个环节，由合规管理部门为其他部门和企业成员提供合规咨询，包括口头咨询以及书面咨询。在业务开展相关环节，将合规问题和注意事项列入咨询范围，在业务流程的合规控制节点设置咨询内容，操作人员只有阅读相关咨询内容才能进入流程下一步。这一方面是提醒有关部门和成员关注合规义务，加强过程控制；另一方面也是向业务部门人员提供相应的合规知识。

2. 推进一项清晰化的协调机制

将合规管理协调机制作为实现合规与业务融合的重要工具，建立并有效运行合规管理协调机制，有效增进合规管理部门和业务管理部门的沟通和相互支撑，避免出现制度与执行不符的"两张皮"现象，通过实行合规计划为合规管理协调机制提供内容，从而避免合规管理协调机制流于形式。厘清电网企业各监督体系的权责关系，包括党委、纪检、监察等党纪相关机构，监事会、全面风险控制委员会等治理机构，督查、风控（财务）、审计等管理机构，梳理交叉职责，发现管理冗余与管理漏洞，建立合规监督协调机制，发挥合规管理在各监督体系中的协调作用，堵住管理漏洞，减少管理冗余。加强对关键业务、改革重点领域、运营重要环节的监督，建立有效的纵向监督制约和横向监督协同机制。

3. 打造一支专业化的合规队伍

国网江苏电力高度重视合规管理队伍建设，明确总法律顾问担任合规管理负责人，合规管理部门内部安排专人负责合规工作，推动各部门、各单位根据业务规模、合规风险等因素，提高规格配置合规管理员和联络员，提升部门之间、上下级单位之间的协作效能，确保信息畅通、工作高效。建立健全合规管理人员岗前培训、考试考核、资格认定、薪酬绩效等工作机制，着力培养一支专业化、素质高的合规管理队伍。建立健全合规管理人才培养机制，成立柔性合规管理专业支持小组，有组织、有计划地培养合规管理专业人员，努力形成合理的人才梯队。组织合规联络员、各单位合规负责人和合规从业人员参加专项合规培训以及反垄断、数据保护、境外业务、物资采购等业务领域合规培训，优化、丰富合规管理人员合规专业知识结构，提升合规管理专业能力。定期组织开展典型案例评析及工作经验交流，总结提炼好的做法，固化相关成果并进行推广，提升各级合规管理水平。

三、实施成效

（一）重塑管理流程，管理效益显著提升

国网江苏电力基于高质量发展的多维协同合规管理，强化了各级单位的治理责任落实以及经营者的责任担当，强化了基于现代企业制度的权力制衡，为电网企业进一步完善公司治理提供了可借鉴的理论指导和实践依据。通过体系的构建，合规管理要求全面融入企业制度体系，各业务部门开展业务合规性自查，发现合规风险934条，针对发现的问题逐一制定管控措施，堵住管理漏洞。通过组织专业合规培训，完善专业合规管理制度，各项业务工作流程得以重塑，企业上下将全员合规理念内化于心、外化于行，工作规范性以及效率效益大幅提升。企业从应付外部监管为主的"被动合规"，

转变为以自律监管为主的"主动合规"，合规管理成为企业决策和战略规划的关键举措和保障要素，有力支撑了企业高质量可持续发展。国网江苏电力合规管理工作位列国网系统第一，合规管理体系建设相关实践成果得到多方认可，入选国家电网2020年度合规管理创新经验成果。

（二）有效管控风险，经济效益显著提高

企业通过对合规内涵的深入研究与准确把握，明确了合规风险识别方法，建立了合规风险预警机制，明确了合规风险防控重点业务、重要环节和重要人员，梳理、识别各主营业务合规风险点，提出覆盖各专业的合规风险库与合规风险控制计划，为各业务部门落实合规审查审核这一关键举措奠定了基础；"合规风险识别评估—合规审查—合规风险应对—合规考核评价"工作流程体系的构建，为电网企业进一步明确合规工作目标、推动实施合规计划、防控合规风险提供了方法；合规文化培育以及合规队伍的合规知识和技能提升，有力地帮助各级经营管理人员获知并理解合规义务、防范合规风险，有效保障企业行稳致远。通过合规风险的有效识别、预警与管控，国网江苏电力经营管理水平显著提升，合规风险得到了有效防控，较大级别违规事件发生0起，造成经济损失0元。通过强化合法合规性审核、主动维权等措施，企业避免或挽回经济损失1.03亿元，全年增加收益达125亿元。

（三）助力优质服务，社会效益日益增强

合规管理体系构建促进了最高管理层及员工遵守合规规则，高效开展"外规内化"工作，合规管理水平不断提高，全员合规意识不断增强，各项业务工作的精细化水平和效能不断提升。通过合规管控，构建全体系、多周期新能源消纳机制，保障江苏电网连续15年清洁能源利用率达100%；全面构建安全生态体系，使得安全生产局面保持平稳；对频繁停电、长时间故

障停电未修复、业扩报装受限等问题实施"省级预警跟踪管控"机制，保障供电服务适应外部监管要求与满足用户需求。推动出台《江苏省电力条例》等配套政策和电力营商环境改善政策179项，高低压平均接电时长分别压降至26.3个和2.9个工作日，用户万户投诉率下降至0.45，保持国网系统最优。这些充分彰显了国网江苏电力作为服务经济社会发展的大型能源企业的责任与担当，有效改善了企业的社会形象。

四、启示和思考

（一）系统化管理架构是消除管理死角的关键所在

只有系统化思考、构建合规管理框架，才能避免"救火式"的风险管理，做到以业务管理提升、预警为重点的风险前置管理，向消除管理死角接近。国网江苏电力现已建立合规管理体系，工作机制基本健全，体系运行较为顺畅，协同较为高效，形成了良好的管理框架，为提升合规管理水平奠定了基础。

（二）合规管理与业务系统化、协同化必须同步进行

合规管理不是业务发展的阻力，而是业务发展的坚实基础和动力，二者相得益彰，这是当前各级管理人员、业务部门人员形成的共识。因此，合规管理与业务的协同推进、系统谋划符合业务发展要求，也是企业健康发展的必然要求。

（三）加强风险管理，将合规风险扼杀在襁褓之中

国网江苏电力落实国务院国资委对央企风险管控的要求，进一步完善机制，早发现、早预警、早处置；管住重点，紧盯重点业务细化风险管控措施；优化手段，加快风险管理的信息化、数字化、智能化转型，全面提升企业合规风险管控能力。

第三篇

服务提升篇

基于客户导向的现代服务体系建设

国网江苏省电力有限公司无锡供电分公司

引言："以人民为中心"的宗旨是中国共产党的动力之源，建立社会主义市场经济体制是党的伟大创举。"人民心理念＋市场经济导向"在国网无锡供电公司现代服务体系建设中又擦出了新的火花。

摘要：为响应国家改革发展要求，支撑能源互联网企业战略落地，主动弥补企业运营短板，更好地服务经济社会发展，国网无锡供电公司坚持以"客户导向"推进现代服务体系平台型组织的建设；通过机构扁平化、生产协同化、人才复合化等举措，形成网格化供电服务"活前台"；组建营销服务中心、配电管控中心，强化供电服务指挥中心，构建数据汇集、质量管控与业务指挥"强中台"；有效放管赋能，优化制度流程，强化人才支撑，深化外部合作，打造专业化管理决策"精后台"。国网无锡供电公司通过现代服务体系建设，有效统筹企业资源，打破专业壁垒，激发了组织活力，提高了服务效率，增强了品牌价值，取得了良好的经济效益和社会效益。

一、背景和问题

（一）增强企业组织活力的重要抓手

国资国企改革要求国有企业不断增强企业活力，满足多层次、多样化市场需求。国家战略与改革要求对供电企业组织活力、管理理念与经营能力提出了更高要求。主动实施组织创新，有助于供电企业进一步完善体制机制，转变经营管理方式，提升市场竞争力与服务能力，不断提高管理水平和经营效果。

（二）支撑新型电力系统建设的重要举措

国家电网、国网江苏电力要求地市供电企业对标国际领先水平，优化管控模式和运行机制，驱动管理链条重构，促进活力激发、效率提高，创新构建现代客户服务模式；同时要求地市供电企业积极实施内部管理变革，完善现代服务体系建设，持续提升服务质效。构建现代服务体系是国网无锡供电公司落实上级公司工作部署，支撑新型电力系统构建，达成企业发展目标的重要突破口。

（三）提升客户服务水平的重要途径

供电企业"多口对外"的服务模式，存在资源整合不够、服务效率不高、客户多次跑腿现象，已不适应客户服务新形势、新要求。因此，构建基于客户导向的现代服务体系平台型组织是提升企业服务能级，推动"人民电业为人民"企业宗旨落地的关键举措。同时，公司主营业务利润空间收窄，新兴业务规模与效益亟待提升，高效供电服务需求与企业内部管理流程、管理幅度过长过细的矛盾日益突出，企业高端、复合型人才短缺，全员劳动生产率等人力资源效能指标与国际领先水平还存在明显差距，需要进一步提升管理质效，促进企业高质量发展。

2018 年，国网无锡供电公司按照"试点先行、有序推进"的原则，以点带面，稳步开展现代服务体系建设。2018 年组建新吴区供电服务中心，在新吴区开展网格化营配供电服务探索。2020 年 4 月和 7 月，先后完成营销全区域网格化与配电全区域网格化工作。2021 年进一步深化现代服务体系建设，推进能效服务、接入方案编制、项目前期等权限下放至前台网格化供电机构，不断推进现代服务体系的探索与实践。

二、主要做法

（一）加强顶层设计，明确现代服务体系构建"路线图"

在国家电网提出现代服务体系建设的基础上，国网无锡供电公司系统谋划，围绕"建设怎样的现代服务体系、怎样建设现代服务体系"开展研究探索。在深刻理解上级公司能源互联网企业战略与现代服务体系建设要求的基础上，国网无锡供电公司结合华为、东京电力等国内外优秀企业实践，充分剖析国网无锡供电公司运营短板与客户需求，构建了地市供电企业现代服务体系建设蓝图（见图 7-1），即：紧紧围绕"以客户为中心"价值观，以平台型高效组织建设、市场化管理服务创新、坚强智慧电网建设、可持续生态建设及融合型人才高地建设五大工程为落地支撑，实现组织活力突破、服务能级突破、客户体验突破、综合效益突破。其中，作为客户价值创造与企业高效运转的基础支撑，平台型高效组织是现代服务体系建设的核心内容与首要任务。

国网无锡供电公司以客户需求为导向，以改革创新为驱动，以融合贯通为特征，将"管理链条短、职责划分清、业务组织融"作为组织设计核心要求，构建**职能后台 + 业务支撑中台 + 网格化前台**的平台型组织架构（见图 7-2）。通过精简组织层级，推动业务协同，深化数据共享，实现**前台服务**突破传统专业分工局限，聚焦顾客价值创造，提供快响应、高效率"供电+能效"服务；**中台支撑**要素汇聚，服务专业部门决策与业务监管，开展前台指挥协调与业务质量把控；**后台管理**聚焦放权赋能，强化业务监督、科学决策和资源获取能力，专业条线高效协同、同频共振。

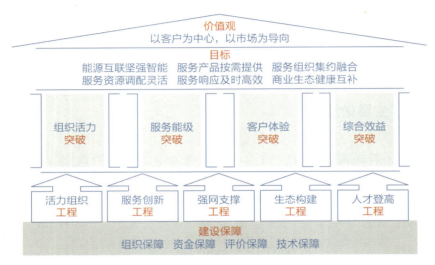

图 7-1 国网无锡供电公司现代服务体系建设总体蓝图

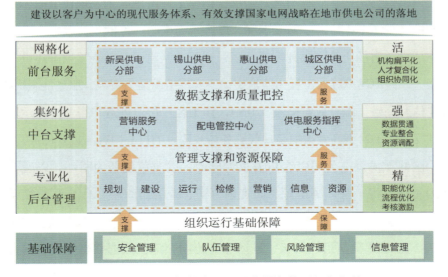

图 7-2 国网无锡供电公司现代服务体系组织架构

（二）创新组织机制，打造网格化供电服务"活前台"

1. 设置"一口对外"的组织体系

组建网格化供电分部，设置扁平化机构与融合型岗位。取消班组建制，设置具备 13 项核心营配技能、高度融合的"营配专业一岗制"客户经理。通过让技术人员兼任生产岗位职务，打破技术技能界限，机构更扁平、用工更高效，实现"一人对外"。

2. 打造"一口对外"的业务体系

创新实践"一人网格责任制"，按配电线路及所属用户划分责任网格，压缩营配业务链条，重构业务模式，推进中低压营配业务协同、政企协同，开展营配业务"七统一"，实现营配业务"十个一次"，一次派工同时完成营配多项任务，大幅节约人力、车辆及时间成本，见图 7-3。出台《简化中低压等级配套电力线性工程审批流程办法（试行）》等 12 个业务流程规范，有效支撑营配融合贯通。

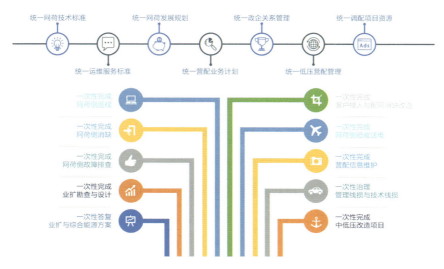

图 7-3 营配业务"七统一"与"十个一次"

3. 构建"一口对外"的责权体系

有序下放配网规划、接入系统方案编制权限以及配网工程项目前期职责至供电分部,提高前台客户服务实施能力。精简后台专业部门业务工作,创新技术手段,依托中台监控分析功能,强化后台管理、指导、监督能力。

(三)完善组织功能,构建集约化业务支撑"强中台"

组建营销服务中心、配电管控中心,强化供电服务指挥中心,作为连接前台业务实施与后台专业管理的中台枢纽,利用数据贯通与汇聚,建设覆盖全区域、全业务的指挥调度、质量管控与策划研发功能模块,全面支撑前台需求实现,服务后台管理决策,见图 7-4。

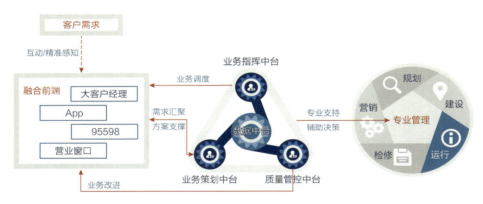

图 7-4 国网无锡供电公司中台组织运行机制

1. 消除业务指挥专业壁垒,打造业务指挥中台

通过供电服务指挥中心实施"大数据、多系统、全监控"专业贯通管理,统一负责配网设备监测、配网运营管理分析、配网运维指标管控和预警等业务。通过数字化手段实现配网监管跨专业无缝衔接。将行政、物资等纳入后勤保障统一指挥,实现全天候配网调控、抢修指挥、配电运营、服务指挥监督"一站式"管理与服务响应。

2. 提升业务管控分析水平，打造质量管控中台

在营销服务中心设置业务质量管控班，常态化开展前台业务质量管控。设置数据资产运营班，实施基于系统和数据的电力客户服务全过程监测，开展业务流转效率监控、数据质量监测与异常督办。在配电管控中心设置配电管控技术岗位，强化前台配电专业业务质量管控。

3. 强化业务策划研发能力，打造业务策划中台

在营销服务中心设置营商环境组，对接前台获取的区县政府及客户需求，开展能源数据分析，推动需求研究与转化，支撑服务前台市场开拓、客户服务等需求。通过内设能效服务中心，组织需求调研与用能普查，指导前台能效服务方案编制及项目实施，提供方案解读与优化更新服务。

（四）聚焦组织赋能，优化专业化资源支持"精后台"

1. 推动管理决策机制优化

组建居配工程、有序用电等跨专业非常设机构作为辅助决策机构，推动营配业务统一指挥。配套完善12项管理制度、6类58项核心流程，提升前、中、后台业务匹配度。实施工程项目全景闭环管控，强化前台项目监督。

2. 激发前台组织运转活力

创新制定营配融合到岗定员标准，结合人员业务复合程度，严控用工配置率，引入营商环境与市场拓展考核指标，扩大薪酬考核分配权，实施团队缺员奖励，引导各供电分部主动减员增效。

3. 强化外部资源支持合作

与各级政府签署战略合作协议，助力重大产业项目落地；在全省率先推广办电业务政企联合审批、限时办结以及"阳光业扩"。积极寻找、整合具有业务支撑作用和商业价值的外部资源，优选合作领域，推动项目落地。

（五）夯实支撑保障，巩固平台型组织运行"稳定器"

1. 夯实安全维稳基础

人员岗位调整与业务融合步伐相匹配，在大力开展员工技术技能培训的同时，常态化开展员工安全等级认定，构建理论考试、现场实操、综合评价相结合的评价机制，强化现场作业安全管控要求。充分借助中台数据汇聚分析及系统监控，逐步提升专业管理力度和业务督查强度。畅通沟通渠道，及时疏导员工心理，协助员工明确成长方向，保持队伍稳定与生产安全。

2. 提升员工复合能力

设置客户经理营配复合型三级岗位，从考评、职称和技能、年限三个方面形成上岗标准；在国网系统内率先开发营配融合课程，将原有各项课程整合重组为 17 个模块，突出各模块的相对独立性与完整性，删减部分基础性内容，大大缩短和减轻复合人才培养周期和压力，形成了国网无锡供电公司营配融合体系样板，为公司系统各专业融合课程体系开发提供经验；实施培、评、聘、调一体化工作，建设营配融合金种子孵化基地，定期开展评价考试与业绩举证。

3. 优化风险防控举措

强化内控机制建设，审计部与纪委办全程介入业务流程优化工作，建立利益冲突预警防控模型，评估岗位廉洁风险，立规矩、明界限，突出流程制约。优化关键岗位内部轮岗机制，根据工作年限和工作业绩，对长期从事固定岗位的人员进行跨部门、跨专业岗位轮换，规避廉洁风险；纪委办主动参与融合岗位员工送培孵化，实行跟班学习，了解业务流程及风险点，提出针对性防控改进建议；引入外部监督机制，向用户发放廉洁监督卡，鼓励用户参与监督。

4. 强化信息数据支撑

持续深化以营配调贯通为主线的信息汇聚治理与贯通应用工作，打造平台型组织业务开展的信息基础。利用统一电网模型与"一张图"维护工具，实现生产、营销设备数据同源维护、管理和校核，避免原有分专业维护、跨专业同步治理带来的重复工作；依托电网资源服务基础平台，实现流程在线贯通，业务跨系统高效流转与实时交互，数据实时、同步更新；持续开展跨系统贯通应用。

三、实施成效

（一）政企关系持续改善

通过"一口对外、一人对外"的客户服务模式，大大提升客户服务能力和服务质量，客户评价持续提升。国网无锡供电公司先后与无锡市新吴、锡山等区政府签署战略合作协议，共同助力重大产业项目落地；在全省率先推广办电业务政企联合审批、限时办结，两县五区出台电力工程 500 米免审批实施细则；实行"阳光业扩"，贯通政企数据，居民"零证办电"，企业客户"一证办电"，打通"水电气联合过户"通道；与工信部门协同建立工业企业能源管理云平台，支撑企业降耗增效；牵头承建和运营无锡市新能源汽车及充电设施监测中心，推进马山度假区分布式能源站等重点项目，在互惠共赢产业生态建设探索中迈出了重要一步。国网无锡供电公司连续三年举办优化营商环境发布会，打响"锡电特快"服务品牌。

（二）机构效能持续提升

通过组织压缩、权限下放、流程简化、业务集约融合等手段，管理效能持续提升。国网无锡供电公司营配相关机构类别由 4 种减少至 3 种，专业班组类型及个数均缩减 2 个，39 项营配业务流程实现内部流转，业务流程环节压降 50%，业务流转效率提升 30%。各项专业管理指标大幅提升，在全省系统业绩考核中创历史新高，营配一体化进程居国网系统前列。扁平化融合机构、营配网格化管理、能效服务团队建设、配电可靠性精益管理等做法得到国网江苏电力系统各单位认可。

（三）专业管理成效明显

随着组织与业务融合协同持续深化，业务运营质效不断提升。高、低压业扩平均接电时长大幅压降。2020年至今，公司低压线损合格率提升2个百分点，台区线损达标率提高0.56个百分点，原因不明供电故障大幅压降57.5%，用户停电时间同比下降24.73%。

（四）人才驱动作用凸显

国网无锡供电公司用工效率再上新台阶，四个供电分部具备两种及以上专业业务能力的人员达120余人，占员工比重超过2/3，核定定员压降20%，用工需求压降60余人。国网无锡供电公司新吴分部以25人47%的人员配置数量支撑了新吴区110亿千瓦时、6 018户高压用户、3 750千米配电线路营配业务运营，规模远超国网江苏电力大型县级供电公司平均水平。2021年，国网无锡供电公司劳动生产率同比提升12.94%，位居国网江苏电力系统各单位前列。

（五）社会效益获得认可

无锡市委市政府主要领导表扬国网无锡供电公司"服务举措不断创新，重大项目保障有力有效"。《基于客户导向的现代服务体系平台型组织构建实践》获国网江苏电力管理创新一等奖。近年来，国网无锡供电公司荣获"全国实施用户满意工程先进单位"称号，连续三年获评"服务地方发展优秀单位"，打造了公共服务领域的"无锡名片"。

四、启示和思考

（一）深化以客户为中心的理念，推动现代服务体系纵深发展

现代服务体系建设需要树立客户服务新理念，打造供电服务新模式，引领能源服务新业态。国网无锡供电公司坚定"以客户为中心、以市场为导向"的现代服务体系建设方向和目标，并围绕这一目标持续深化现代服务体系建设。

一是持续提升前台客户服务能力。进一步加强资源配置前置，围绕服务客户能力提升，配网项目规划、配网项目储备等权限持续下放，进一步加大放权力度，将优势资源集中在前台，打造资源配置的弹头部队，推动以客户为中心的目标实现。

二是加大中台支撑力度。持续提升中台方案策划能力，对接前台收集的客户服务需求，发挥大数据开发与应用优势，提出优化解决方案，快速满足客户需求，提升客户满意度。

三是强化后台生态构建能力。积极发挥后台资源整合优势，将煤气水等相关方有效整合，提供更加综合、便捷、顺畅的产品体验，构建以电为主的商业生态，提升客户体验。

（二）适应新型电力系统建设大趋势，体现现代服务体系作用价值

随着新型电力系统建设加快推进，公司与用户之间的服务模式发生深刻变化，"源网荷储"协调互动至关重要。建设营配融合的现代服务体系，能够整合公司前端资源，适应分布式能源、微电网等发展趋势。要坚定不移地深化现代服务体系建设，并在新型电力系统建设中发挥更大作用。

一是持续深化前台网格化发展方向。网格化的营配融合模式对提升服务水平具有明显的促进作用，能通过"一口对外"解决服务效率方面的诸

多问题。通过营配业务流程重构，打破专业壁垒，持续赋能前台，提升客户服务与实施能力，快速、有效、准确地应对新型电力系统建设过程中"源网荷储"协调互动的运维管理模式新情况。

二是持续挖掘数据融合应用价值。在贯通营销2.0、用采系统、PMS2.5（3.0）、供电服务指挥系统等系统基础上，集成营配全业务实时数据，挖掘跨专业数据应用价值，打造"过程透明、信息在线、运转高效"的数字化管理模式，推行指标管控精益化、态势分析可视化、电网运维智能化、业务管控工单化，通过智能化、智慧化的数据驱动业务开展，提升数据对业务的支撑作用，推动前台业务模块化、智能化，减轻前台专业管理、业务实施的压力。

三是持续深化组织体系优化。持续压缩管理链条，适时推进中台整合，构建与新型电力系统敏捷响应相适应的组织体系，强化专业管控。全面开展治理体系建设，通过最佳实践固化流程、制度、标准，推动现代服务体系的自运转。

（三）优化以市场为导向的激励机制，促进现代服务体系高效运转

现代服务体系的顺畅运行需要建立面向市场的有效激励机制，符合体系要求与市场需求的激励机制可以进一步促进组织与员工的活力释放。

一是构建分层分级的业务考核体系。以市场需求、企业战略为导向，统一优质服务标准，合理分解关键绩效，优化管控指标，强化对标激励，支持鼓励各供电分部在现代服务体系下增供扩销、开拓市场。

二是构建内部模拟市场导向的市场化分配机制。完善内部模拟市场，科学核算各供电分部投入产出效益，强化"供电＋能效"业务激励，激发组织运转动力，推动市场化激励机制的实现。

三是建立适应网格化、业务复合的员工激励机制。现代服务体系对员工综合素质要求比较高，需要员工具备两种及以上专业技能，需要在各供电分部实施差异化的人力资源激励措施，在用工分配、员工绩效、员工流

动、薪酬激励等方面实施差异化的分配政策，通过实施缺员奖励、专项奖励、技能复合奖励等激励措施激发员工活力。

（四）加强复合型人才队伍培养，夯实现代服务体系人才基础

深入贯彻高质量发展理念和"人才是第一资源"理念，深化实施人才培养"三大工程"，激发员工内在自我提升驱动力，提供员工成长成才平台通道，建设人才高地，保障现代服务体系高效运转。

一是构建复合型人才培养体系。从省级公司层面推进营配课程体系开发、培训业务开展以及培训鉴定工作，减轻复合型人才培训培养压力，压缩培养周期，支撑营配融合业务开展。

二是构建营配人才孵化机制。以国网无锡供电公司新吴供电分部首批营配"金种子"为依托，建设营配融合"金种子"孵化基地，常态化开展营配融合人才的培训培养；同时，建立供电分部之间、供电分部与其他单位之间的双向人才交流机制。定期开展岗位招聘、组织调配等内部人力资源市场工作，盘活现代服务体系下的人力资源。

三是构建复合型人才评价体系。推进复合技能岗位能力评价，实施融合分级的岗位评价标准，加快融合岗位的任职资格体系建设，科学合理评价融合业务复合能力，与各专业技能等级评价一起，推进专业"精"与"通"的相辅相成。

四是构建复合型人才成长通道。加大对复合型人才在"职务、职员、专家"选拔聘任中的力度，拓展复合型员工发展通道，打造新时代高技能人才队伍，推进岗位聘任制和常态化评价，促进岗位能上能下。

国网无锡供电公司将持续深化现代服务体系建设，聚焦客户导向，以提高组织运营效率为目标，持续提升组织运营效能和人员配置效率，为建设具有中国特色国际领先的能源互联网企业做出新的更大贡献！

基于"碳达峰、碳中和"的
"供电＋能效服务"体系建设

国网江苏省电力有限公司市场营销部（农电工作部）

引言："碳达峰、碳中和"的要求必将推动一个以新能源为主体的新型电力系统的出现。新型电力系统也必然会带动新的能源服务体系相伴而生。国网江苏电力已经勾画好了新的新源服务蓝图。

摘要："供电＋能效服务"是新时代电网企业勇挑能源转型重担，推动能源结构优化升级、引领绿色低碳转型、强化能源安全保障、实现能源高质量发展的重要抓手。国网江苏电力深入贯彻国家电网能源消费侧"碳达峰、碳中和"工作部署，落实全面开展能效服务的工作要求，聚焦业务建设体系化、能效服务标准化、业务支撑数字化、要素保障制度化、案例示范品牌化、创新突破多元化、产业发展生态化七个方面，明确江苏"供电＋能效服务"转型思路与实施路径，系统推进"供电＋能效服务"创新深化，服务经济社会高质量发展，助力江苏尽早实现"双碳"目标。

一、背景和问题

（一）"供电＋能效服务"是实现"双碳"目标的重要途径

"十四五"以来，国家和国家电网层面密集制定节能降碳工作方案。其中，国务院印发《2030年前碳达峰行动方案》，明确提出实施节能减碳增效行动，建设能源节约型社会。国家电网印发《碳管理工作方案和三年行动计划》，提出"十加强、十促进"工作要求，重点提升服务能源消费侧碳市场参与能力。现阶段，我国能源资源需求仍将保持刚性增长，实现碳达峰、碳中和的时间紧、任务重，必须坚定不移地把节约能源资源放在首位，从能源消费侧发力。此外，减少二氧化碳排放意义重大。这要求"供电＋能效服务"在能源消费高效化、减量化以及多元化方面综合发力：一是推动能源消费高效化，通过能效服务推进高效用能设备普及、多能互补、管理节能等，实现能源消费节能提效；二是推动能源消费减量化，通过能效市场化服务发展分布式新能源，加速电能替代，有效减少化石能源消费总量；三是推动能源消费多元化，推动实施以电为中心的多能供应，提升能源利用效率、控减油气消费规模。

（二）"供电＋能效服务"是构建以新能源为主体的新型电力系统的重要内容

中央财经委员会第九次会议明确提出构建清洁低碳安全高效的能源体系，控制化石能源总量，着力提高利用效能，实施可再生能源替代行动，构建以新能源为主体的新型电力系统。江苏电网"三高""三新""双峰"特征日益凸显。统筹新能源发展与保障大电网安全运行对能源消费侧工作提出了新的挑战：一方面要求坚持集中式与分布式并重，在终端发展分布式新能源，提升新能源发电占比；另一方面要求积极开发利用需求侧资源，推动源网荷储互动，同时推动能源利用效率提升，保障大电网安全稳定运行。为落实构建以新能源为主体的新型电力系统的责任，国网江苏电力须积极挖掘能源消费侧潜能，加快推进"供电＋能效服务"，加强节能节电宣传及引导，依托智慧用能、需求响应、多能互补等新技术、新模式，推动终端能源利用效率提升，促进分布式新能源开发利用，提升源网荷储协同效率，助力以新能源为主体的新型电力系统建设。

（三）"供电＋能效服务"是满足社会多元用能需求的重要举措

江苏地区"十三五"期间单位 GDP 能耗降幅达 20.6%，但单位 GDP 能耗水平仍是日本的 1.98 倍、美国的 1.71 倍，迫切需要优化用能结构、提升社会综合能效。对于大多数高耗能企业来说，存在用电、用热、用冷等多种用能需求，且用能基数大，在电价波动、供需矛盾的形势下，客户减碳和降本增效需求强烈，为全面推广"供电＋能效服务"提供了庞大的市场。这就要求电网企业为客户提供个性化一站式能效服务解决方案，定制能效服务产品，通过更高效、更低碳的能效服务增强客户黏性，指导企业节能降碳，提升社会整体用能水平。

二、主要做法

（一）业务建设体系化

一是试点先行，推动体系率先落地。国网江苏电力印发《全面开展能效服务实施方案的通知》和《做好能效服务建设人力资源相关工作的通知》，为地市级供电公司、县级供电公司体系建设明确框架，提供人力资源保障政策，夯实转型基础。组织不同地域、规模、模式的地市级供电公司开展试点，率先推动"供电＋能效服务"体系实体化运转，实现能效公共服务与传统供电业务融合流转、同步开展。

二是明确路线，编制典型实施方案。国网江苏电力是国网系统中首家印发市县《"供电＋能效服务"体系典型实施方案》的企业，构建了能效服务组织体系的基本框架，明确了各个环节的岗位职责和工作要求，制定了考核激励的基本模式和评价维度，提出了保障业务落地的培训、信息化平台和品牌宣传等相关举措。

三是强化支撑，完善两级组织体系。省级打造"两个服务"业务中台和"营销双创基地"，构建涵盖体系规划、策略研究、产品研发、平台运营等全方位支撑资源池；市级实现属地支撑机构全覆盖，将能效服务纳入客户经理、用电检查员、台区经理等岗位职责。打造国网江苏综合能源服务有限公司本部与属地分支机构联动、新兴产业与省管产业融合协同的能效市场化服务模式，创新属地分支机构与省管产业单位"产产合作"机制，发挥客户资源、技术储备和资金等方面优势，构建新兴业务发展"内生态圈"。

（二）能效服务标准化

一是夯实基础，收集客户基础信息。融合能效服务业务与传统业务流程，制定传统供电业务环节的能效信息标准化收集方式，通过在供电服务环节同步开展能效公共服务信息收集，进行各类专项服务调研，采集客户能效基础档案、用能设备资产、能源消费和能效服务需求四类信息。

二是统筹归并，嵌入能效咨询流程。结合业扩报装、变更用电、用电检查、营业厅业务办理流程，在前期收集的客户能源信息基础上持续进行用能现状及潜力分析、改造建议及可行性分析、典型案例等内容的编制，同步进行能效方案评审和推广，提升能效方案精准度，最后在提供传统服务过程中向客户一并答复，满足客户节能提效需求，提升客户服务感知水平。

三是多措并举，推动方案多样实施。依托能效诊断分析业务项，全面推广能效账单，实现全省各市县全覆盖。结合供电服务现场服务环节，重点围绕综合能源服务、电能替代、需求响应，编制能效服务方案，"一户一策"提供方案现场解读服务，为客户提供良好的服务体验。

（三）业务支撑数字化

一是升级营销系统，强化中台支撑能力。建立能效公共服务流程，依托营销 2.0 构建"四个一"体系，全面支撑"供电＋能效服务"业务开展，实现客户用能需求一站式受理、能效咨询方案一系列提供、能效提升措施一揽子实施、能效分析评价一体化支撑。结合传统供电服务场景，开展重大项目信息及专项调研、高压大容量业扩项目、一般业扩／变更用电项目、用电检查及咨询等六大业务场景能效服务流程梳理。通过营销 2.0 业务中台加数据中台的"双中台"服务能力，促进以业务为中心向以客户为中心转变、从单一供电服务向多元用能服务转变，全面提升国网江苏电力面向客户的能效服务能力。

二是搭建省级平台，强化信息平台管控支撑。以省级智慧能源服务平台支撑能效服务业务的内部管理、评估和考核，打造各类能源数据的分析地、能效服务的应用地和业务成果的展示地。加快客户智慧物联建设，推动实现全社会用能信息广泛采集、客户能效在线分析。

三是开发移动终端，强化前端移动赋能支撑。打造全流程标准化"掌上服务"，在供电服务移动终端上线能效公共服务微应用，将能效服务与传统供电业务环节合并，减少前端人员上门次数，新增能效诊断、案例推介等功能，在提高服务效率的同时，精准赋能前端人员。开发能效市场化服务移动终端，嵌入项目管理、运维服务等作业流程，实现市场拓展行为标准化和规范化。

（四）要素保障制度化

一是正向激励，做实考核挂钩举措。建立客户经理"初、中、高"三级晋升机制，将能效服务工作质量作为绩效评定和岗级调整的重要标准，提升能效服务成效在前端人员绩效考核中的占比，深化能效服务考核结果应用，与全员职业发展等级强挂钩开展绩效工资分配，提升对员工职级评定的影响力。

二是制度突破，构建能效积分体系。创新能效积分制度，量化制定项目推广、服务成效等奖励系数，引导各单位聚焦重点业务方向，实现能效服务积分与单位业绩考核挂钩，发挥业绩考核的"指挥棒"作用。通过"多而简"或"少而精"不同的方式获取积分，形成个人积分体系，灵活布置工作任务，匹配不同人员的业务能力。

三是能力升级，完善岗位培训措施。编制能效服务技能题库，统一组织选拔、调考，强化前端人员能效服务理论知识学习。常态化开展线上线下培训，在网络大学开设综合能源"每周一课"，利用员工碎片化时间，开展线上短视频系列培训；在培训中心定期开展线下培训，规模提升前端人员实操能力。

（五）案例示范品牌化

1. 品牌引领，发布能效服务品牌

一是率先打造能效品牌。聚焦"碳达峰、碳中和"总目标，发布国网系统首个能效服务品牌——"优能"，通过实施八大能效行动，助力"双碳"目标实现，促进江苏生态文明建设和可持续发展，见图8-1。

二是明确品牌价值定位。确定"卓越能效服务引领者"的品牌定位，倡导"清洁、低碳、智慧、高效"的品牌价值观，践行"推动电力消费低碳发展，奉献绿色高效用能服务"的品牌使命，致力为社会提供多方面的能效服务。聚焦居民绿色生活、企业清洁用能、政府决策部署等，全面提升能效服务质效，推动全省能源行业形成广泛互联、融合开放的能源服务生态。

图 8-1 能效服务品牌发布

2. 示范打造，引领重点项目建设

编制印发 5 大领域 20 个子领域能效服务行业解决方案，涵盖能效提升、清洁能源、多能供应、新兴用能、能源交易 5 大领域与机关、医院、钢铁等 20 个行业，为客户提供行业典型样板。公司以"典型示范＋行业方案"模式实现能效服务项目规模推广。2021 年，公司服务机关、医院等公共建筑能效提升超过 200 家，服务工业企业智慧低碳运行超过 4 000 家，指导工业企业开展技术节能、设备节能超过 30 家，引导行业主动开展绿色低碳转型，助力全社会节能降碳。

一是镇江市行政中心能源托管项目。 提供从技术到管理的一揽子解决方案。建成后的项目获镇江市建筑节能与绿色建筑专项引导资金管理评定专家组高度认可，并获得镇江市建筑节能与绿色建筑专项引导资金，为公共机构能源托管提供示范样板，见图 8-2。

二是江苏德龙镍业有限公司工业节能项目。 实施高效水泵节能改造合同能源管理和钢包烘烤器节能改造，大幅提升企业电能和天然气使用效率，环境效益显著。两个项目投运后年节约标煤 7 000 余吨，非常契合国家发布的"碳达峰、碳中和"行动方案的要求。

三是南京河西金融城综合能源服务站示范项目。 首创"变电站＋综合能源服务站"合建模式，培育"多方投资、园区共建、设施共享"的园区级多能供应合作机制。项目建成后，将成为国内首个实现电、冷、热多能规模化集中供应和光储充协调互补的园区综合能源服务站，有效提升城市核心区域综合能效水平。

四是苏州爱慕"全电生态工厂"。国网江苏电力协助苏州爱慕公司建设风光储路灯、电动叉车、电动运输机器人、分布式光伏等项目，建成全省首个"全电生态工厂"，使电能成为厂区内唯一能源，实现降成本、提质效。

五是南京溧水天山水泥"双碳"示范项目。国网江苏电力深入研究水泥行业工艺流程，分析各生产环节用料、用能组成等信息数据，梳理水泥生产碳足迹。开发应用客户侧碳排放在线监测管理系统，部署碳监测设备，实现客户碳排量实时监测和预警，实现企业95%以上碳排放的实时监测，为政府出台水泥行业碳排放标准提供数据支撑，为水泥行业节能降碳提供标杆样板。

图8-2　镇江市行政中心能源托管项目现场

（六）创新突破多元化

1. 政企协同聚合力

一是强化能效规划引领。推动以电为核心的综合能源服务纳入省

"十四五"能源发展规划，引导服务商和社会用能主体主动开展节能改造、提升能效，扩大可调负荷资源规模。

二是大力争取政策支持。推动省政府出台《关于江苏省"十四五"全社会节能的实施意见》，明确深入推进各领域节能降耗，引导工业企业、公共建筑、园区等用能主体主动节能提效，营造良好发展氛围，同时为尽早实现能耗"双控"向碳排放总量和强度"双控"转变的目标创造条件。推动省节能减排工作领导小组向全社会发布《节约用电 助力绿色发展》倡议书，弘扬节约用电风尚。累计推动省市县三级政府及部门出台各类电能替代支持政策289项，建成电能替代政策支持体系，以能源消费侧绿色清洁用能助力经济社会低碳高质量发展。

三是积极深化政企合作。与省级政府主管部门签订公共机构能效提升合作框架协议，建立"一协议、三方案"合作体系，在省级合作带动下，五家地市级供电公司与市级政府主管部门达成战略合作，为公共机构能源托管营造良好发展环境。

2. 业务创新提质效

一是推广能效服务产品。全面推广"网上国网"电能能效账单，"一企一策"提供能效公共服务方案，以无感的服务形式帮助企业深入了解潜在能效提升方向，为客户实施节能项目提供决策依据。

二是开展碳效服务。开展碳咨询公共服务，为有绿电交易、碳交易需求的企业提供咨询服务，提供碳盘查、节能降碳指导手册等增值服务，延伸碳交易代理服务，为履约控排企业、碳减排资源企业提供碳交易代理、交易撮合等服务。

三是强化能效服务闭环。依托信息系统全流程跟踪综合能源、电能替代、需求响应等能效服务项目实施成效，定期开展客户满意度调查，收集客户反馈意见，对评价结果不理想的客户进行回访并形成意见单，作为服务质量考核的依据，进一步优化前端服务。

3. 技术创新求突破

一是提升整体方案解决能力。 完成 16 类通用模型、9 大典型行业能效指标评价体系构建及现场验证，推动形成全省综合能效测算统一办法，解决能效项目改造效果评价难题。在国内率先具备风机、水泵、锅炉等六大主要用能系统能效测评试验能力。依托评价体系和能效测评能力，推出"节能改造＋智能运维＋需求响应＋辅助服务＋碳交易代理"套餐，为工业企业提供一站式节能提效服务。

二是强化核心技术研究。 与内外部可研机构建立联合研发机制，攻关多能互补协调优化控制、谷电蒸汽蓄热、电压跌落等关键技术，获得实用新型专利八项、软件著作权九项。研发智能轨道机车、移动储能电源车、边缘计算网关等自主产品七项，在工矿企业短途运输等场景形成国内首创成果。

三是推动出台系列标准。 编制《公共机构集中办公区能耗定额和计算方法》等三项地方标准，统一全省能耗定额指标、计算方法和能效改造技术方案规范。牵头构建江苏省工业能效标准体系，引领能效提升方向。

（七）产业发展生态化

一是持续优化能效市场化协同机制。 打造市场化单位本部与属地分支机构集团联动、新兴产业与省管产业融合协同的能效市场化服务模式。

二是加快提升能效市场化服务能力。 市场化单位本部全面提升投资研究、规划设计、产品研发、商业资源整合、财务管理和风险管控六大能力，获得设计、施工等资质认证 25 项，核心竞争力业界领先；创新 13 家属地子公司与省管产业单位的"产产合作"机制，构建产业发展"内生态圈"。

三是营造能源服务行业新业态。 以"政府引导，自愿平等，互利合作，共享发展"为原则，在省工信厅指导下，国网江苏电力联合14家单位共同发起成立江苏综合能源服务产业联盟，面向全省发出会员单位入会邀请，汇聚从事综合能源服务产品研发、生产、推广、应用的企事业单位、科研机构400余家，推动资源互用和信息共享，打造能效服务生态体系。

三、实施成效

（一）聚焦品牌生态，彰显社会责任

一是树立公司品牌形象。 推动"供电＋能效服务"战略转型落地，面向社会多元主体传递绿色、低碳、清洁、高效的用能理念，多领域、多举措延伸服务触角，通过全面推广能效服务，提升国网江苏电力能效服务的社会感知度，强化品牌记忆。

二是构建互联平台生态。 贯通平台，破除信息壁垒，拓宽资源共享、业务服务和交流互动渠道，形成能效服务产业链上下游联动机制，营造广泛互联、融合开放的综合能源服务生态，实现合作共赢。

三是推动政策规划落地。 构建"1+13"政策支撑体系，多措并举加强政策指引，明确政府、社会、电网和用户职责，为提升全社会综合能效、促进绿色发展夯实基础。

（二）解决用能痛点，精准触达客户

一是全面接入能效数据。 构建数字化能效服务生态，协助政府建设省级重点用能单位能耗在线监测平台、政府能源大数据中心和全省公共机构能耗感知一张网，推动全省煤电油气全品类用能信息接入，为政府科学开展能源治理和企业深化节能提效提供支撑。

二是精准提供能效服务。 贯通营销2.0、省级智慧能源服务平台，制定

差异化能效标签 27 项，分级分类提供综合能效诊断咨询服务，覆盖用户超 10 万户。结合行业典型案例，定制一站式能效服务解决方案，涵盖智慧用能、节能改造、碳资产管理等服务产品，指导客户节能降碳。

（三）实现战略转型，推动服务升级

一是率先开展双碳服务实践。探索碳效服务，制定节能降碳服务指南，助力企业降碳增效。在省级智慧能源服务平台打造"全碳链"数字应用，包含 12 个业务功能场景，打造电碳地图、碳排放分析管理等功能模块，服务政府监测管理区域碳排放，帮助企业优化提升内部碳排放管理，为客户提供全生命周期碳履约服务。

二是打造高质量综合能源服务。打造绿色公共建筑集群，实现市县政府主要机关楼宇能效提升全覆盖。助力工业企业"绿色智造"，开展南钢集团等大型钢铁企业轨道交通电气化改造，同步为钢铁企业提供集富氧燃烧、低温余热发电和分布式光伏等于一体的绿色工厂建设方案，助力高耗能行业能效提升。建设示范"零碳"园区，以区域能源规划为切入点，科学评估园区资源禀赋，综合利用冷、热、风、光、储等能源，推行涵盖规划、设计、建设、运营、维护等的全生命周期服务模式。

四、启示和思考

（一）加强顶层设计，健全能效服务业务体系

以供电公司为主体构建能效公共服务体系，以前端员工职责融合、业务融合为主要路径，加强员工业务技能培训，提升服务能力。构建能效服务"强中台"支撑体系，以国网江苏电力营销服务中心为省级支撑单位，在各市成立支撑机构，强化业务支撑能力。

（二）聚焦业务方向，服务社会多元用能需求

面向公共建筑、工业企业、综合园区、农业农村等客户群体，将能源规划设计、节能改造、分布式光伏（风电）清洁能源建设和运营、客户节能改造和电能替代作为基础业务方向，将大数据服务、碳交易、碳核查等作为延伸业务方向，实现能效业务持续健康发展。

（三）创新平台应用，注入能效服务发展动能

强化省级智慧能源服务平台业务功能，持续赋能前端人员开展能效服务，结合市场需求不断优化现有能效服务产品，提供更加优质的功能应用，吸引各类服务商入驻平台，推动能效服务平台化发展。

省级电网企业物资供应链
智慧运营体系建设

——基于"智慧运营"理念的探索实践

国网江苏省电力有限公司物资分公司

（国网江苏招标有限公司）

引言：兵马未动，物资先行。国网江苏电力通过构建"智慧供应链"体系，给物资供应插上信息的翅膀，将技术和管理集成，让数据和业务联手。

摘要：近年来，随着新一代信息技术日趋成熟和现代智慧供应链体系建设深入推进，业务数据与物联数据海量增长，业务协同关系日益复杂。如何推进现代前沿技术在电力物资专业管理领域落地应用，驱动物资业务管理向智慧、卓越方向升级转型，成为国网江苏省电力有限公司物资分公司（简称"国网江苏物资公司"）需要解决的现实问题。本案例讲述该公司集思广益，攻坚克难，通过引入"智慧运营"理念，构建具有电网企业特色、符合电力物资管理实际的智慧运营体系，助力物资专业管理创新变革与升级转型的生动实践。

一、背景和问题

（一）供应商违约风险增加，电网生产建设保障需加强

2021 年 2 月 24 日，国网江苏物资公司供应链运营中心发布"原材料价格上涨"供应商履约风险红色预警，提醒各级项目单位加强履约跟踪，提前防范供应商违约风险。该预警显示：近期，铜、铝、钢材等原材料价格持续攀升，其中铜价与 2020 年 11 月初相比涨幅达 30.3%，与前期供货单签订时存在较大偏差。按照放弃履约需要赔偿合同金额的 20% 测算，供应商违约成本小于按约定交货造成的损失，可能出现违约风险。接到业务预警，相关单位立即逐条落实待交货供应商原材料备货排产情况，持续做好跟踪，有效避免了供应商大面积违约，保证了电网生产建设正常开展。

（二）技术升级带动业务模式升级，供应链自动化程度需提高

近年来，以大数据、云计算等为代表的新一代信息技术日趋成熟；同时，随着现代智慧供应链体系建设的深入推进，业务数据与物联数据海量增长，业务协同关系日益复杂，传统业务模式下全链业务信息无法贯通、沉淀数据价值难以释放、监控指标设计分散单一等弊端越发明显。在建设新型电力系统的新征程中，物资供应成为各项业务的坚实保障。面对新形势、新要求，国网江苏电力必须深化现代智慧供应链体系建设，提高自动化程度，推动现代智慧供应链由线成面、从应用到见效的全面提档升级。如何推进现代前沿技术在电力物资专业管理领域落地应用，加快建设与国际先进水平接轨、与企业发展战略相适应的现代供应链管理体系，驱动物资业务管理向智慧、卓越方向升级转型，是国网江苏物资公司迫切需要解决的现实问题。

（三）对提质增效的支撑需要加强

在技术手段不断创新、管理水平不断提升的基础上，物资供应链产生的成本具有压降空间。加强精益管理，以"智慧运营"理念升级供应链，支撑提质增效势在必行。

为此，国网江苏物资公司召集各业务部门负责人及青年骨干，共同进行头脑风暴，群策群力，最终达成统一认识，即借鉴波士顿等咨询公司的前沿理论研究成果，结合电力物资业务管理特性，提出"运营职能集约化、运营策略数字化"的管理理念，实现物资智慧运营，并明确了最终解决思路：按照现代智慧供应链总体架构设计要求，通过引入"智慧运营"理念，构建具有电网企业特色、符合电力物资管理实际的智慧运营体系。

二、主要做法

（一）明确建设思路，践行运营理念

明确工作思路是确保下一阶段工作高效开展的重要前提。为了有效解决现阶段业务瓶颈问题，提升供应链运营整体绩效，国网江苏物资公司召集各级骨干，共同进行头脑风暴，确定建设思路。

一是推动运营职能集约化。 通过将运营职能从各个业务条线中剥离出来，立足供应链全局视角，推动运营工作由各环节"小运营"向全链条"泛运营"转型。

二是实现运营策略数字化。 通过充分发挥技术优势，深度挖掘数据资产价值，打造数据运营产品，提升供应链运营管控能力，通过数据贯通驱动专业融合。

三是明确运营功能定位。 着眼于供应链整体运行，汇聚内外数据，分

析业务情况，发现运行规律，防范运营风险，提升运行质效，实现智慧运营。

四是确立建设实施路径。通过深入剖析物资供应链运营属性，在国家电网现代智慧供应链框架下打造运营五项核心功能，建设供应链运营平台，构建供应链信息流、业务流、物资流枢纽。

（二）优化组织架构，组建运营载体

供应链智慧运营建设工作迫在眉睫，在确定具体建设思路后，管理同志反复听取部门负责人和部分成员意见、建议，秉承"机构灵活、指挥高效"的原则着手进行组织机构优化调整。在多次召开物资智慧运营体系建设工作领导小组会议后，以需求为导向，从各业务部门抽调青年骨干，配备精兵强将，组建供应链运营管控实体部门，搭建"1+N"矩阵式柔性组织，并明确主要任务和职责分工。

一是增设供应链运营管控实体部门。基于现有的物资计划、招标采购、合同管理、物资供应、质量监督等业务管理部门，增设供应链运营中心这一管控实体部门（见图9-1）：对内，为国网江苏电力物资部专业管理工作提供辅助决策支撑，协同物资各操作层级开展智慧运营；对外，引领供应链上下游密切协同。

二是确立日常运营岗位。在完成实体部门增设后，国网江苏物资公司进一步确定岗位需求和岗位工作职责。根据供应链运营五大功能，在部门常设主任、副主任、信息化专责、运营分析专责、运行监控专责、资源统筹专责、协同运作专责等7种岗位，分别承担相应职责，见图9-2。

三是建立矩阵式组织。国网江苏物资公司拓宽思路，另辟蹊径，建立"1+N"矩阵式柔性组织，即以供应链运营中心为业务核心，跨专业协同各业务部门共同推进工作开展。同时，在7种常设岗位的基础上，充分激发和调动青年骨干、党员同志，采用人员轮岗的形式，由各专业部门、地市

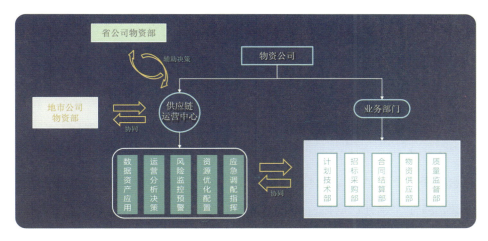

图 9-1　运营组织架构

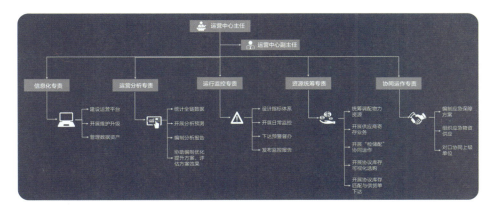

图 9-2　运营职责界面

供电公司物资部相关同志参与供应链运营中心建设与运营工作，轮岗期限为 6~12 个月，有效促进了柔性团队优势的长期激发。

国网江苏物资公司供应链运营中心团队人员站前沿、当先锋、作表率，成员之间密切沟通协作，在新业务拓展过程中，既做好冲锋"战斗员"，又当好作战"指挥员"，为智慧运营体系建设出谋划策，确保各项工作有序推进。

（三）汇聚全量数据，打造信息流枢纽

在着手进行供应链运营五大功能建设时，供应链运营中心团队成员首先充分学习领悟国家电网现代智慧供应链建设要求。成员按岗分工、高效协作，逐条梳理、细化具体建设方案，确保工作的开展有条不紊。

团队成员一致认为，要实现物资供应链智慧运营，首先必须摆脱传统思想束缚，大胆创新，小心论证，盘点"家产"，摸清业务数据走向和归集。因此，按照"业务数据化、数据业务化"的工作思路，推动业务上线运行，强化数据资产管理，促进业务数据向优质资产转变，建成数据资产应用"一平台"。

一是推动业务上线，实现数据由线下变线上。团队成员深入专业部门日常工作，加班加点全面梳理物资专业在用的信息系统，结合现代智慧供应链场景建设需求，多次组织各专业部门开展需求分析、功能设计、系统设计、开发实施等研发工作，积极推动暂未上线的业务线上运行。

二是推动资产管理，实现数据由分散变集中。在完成信息化系统上线后，团队考虑贯通各业务管理系统数据。经过与信息公司、专业部门及第三方平台工作人员的多次洽谈沟通，顺利完成"天眼查""我的钢铁""高德地图"等第三方平台数据采集和接入，由此建立了全面覆盖物资专业及企业内外供应链运营相关数据的数据资产档案库；同时，在线分析、监控各类信息系统应用情况，跟踪、督办数据质量整改情况。

（四）赋能全链运行，打造业务流枢纽

在完成供应链全量数据汇集后，团队又进一步思考如何充分发挥沉淀数据的价值，实现数据赋能全链运营状态感知、风险预警、绩效评价和辅助支撑。为此，一方面建立"全方位、立体化"的业务监控预警体系，铺设风险监控预警"一张网";另一方面，全面感知供应链运营状态，开展专题分析与供应链评价，打造运营分析决策"一中枢"。

一是强化风险监控，精确定位业务运行异常。国网江苏物资公司从运行质效监控、现场作业监控、外部风险防控以及相配套的风险闭环管控四个方面，构建全方位业务监控预警体系。

在运行质效监控方面，团队成员基于端到端流程视角，全面梳理影响工作质效的关键指标，根据业务实际构建供应链运营监控指标体系；明确取值范围、推送对象等要素，灵活设置预警及处置规则，构建指标建立、变更、退出等全生命周期管理机制，持续迭代更新监控指标库。

在现场作业监控方面，对仓储作业、物资抽检、施工现场物资到货验收等现场作业规范性进行监控，杜绝样品换样、虚假到货等违规现象；对评标基地采购活动、物资生产试验状态（EIP系统）、物流运输轨迹（ELP系统）等业务活动进行监测，及时避免生产进度滞后、运输轨迹偏离等异常现象。

在外部风险防控方面，借鉴供应商管理领域相关成果，科学实施供应商履约风险分类管理。特别是在疫情防控的关键时期，基于用电量与工业生产活动的相关性，引入供应商涉法、失信等20项风险因子，建立了风险监控模型，智能识别供应商履约风险，确保了项目物资生产、供应及时。

在风险闭环管控方面，根据时间紧迫性和风险影响大小，配套建立"红橙黄"三级预警机制，通过工作流待办、App推送和发送短信等方式，由系统自动或人工触发推送给相关接收人。同时，由供应链运营中心定期生成、发布运行监控月报，通报各单位预警、督办整改情况，并以此作为管理考核依据。

二是实时状态感知，精细展示业务运行动态。团队成员创新设想"数字驾驶舱"概念，提出以"为业务管理提供数字化、在线化、智能化支撑"为目标，通过实现对跨部门、跨层级海量业务数据的打通、融合、计算和可视化展现，打造管理、业务的"分析仪"、"扫描仪"和"指南针"。目前已建成领导数字驾驶舱、专业数字驾驶舱和业务数字驾驶舱三个层级。

领导数字驾驶舱可以全面掌握全链业务统计、分析、评价数据。专业数字驾驶舱按职能梳理出重点业务指标，实时动态呈现。业务数字驾驶舱主要针对供应链运营重点业务，深入分析运行情况。

三是开展评价分析，精准支撑业务管理决策。团队围绕供应链运营重点、难点、热点，集中讨论确定专题分析选题方向，立足内部管理提升、外部态势感知两个维度开展深度分析，形成分析报告，提供决策建议。目前已完成物资供应时效分析、电商物资选购等六种分析报告，以及原材料价格影响分析、二季度供应形势影响分析两个专题。

（五）统筹全域资源，打造物资流枢纽

国网江苏物资公司归集统筹供应链各环节资源，一方面通过汇集供应链资源信息，优化需求响应模式，实现资源优化配置"一盘棋"；另一方面统筹开展应急需求提报、调拨、配送等工作，搭建应急调配指挥"一条线"。

一是强化信息整合，实现"线"上资源汇集。通过汇集，整合供应链物力资源、仓储资源、检测资源、专家资源以及电工装备企业生产排产等供应链资源，实现全域资源可视化管理，为各业务板块资源调配提供数据服务。

二是强化创新驱动，实现"柔"性需求响应。创新开展协议库存可视化选购、"检储配"协同运作、配农网物资精准供应等业务模式建设工作，实现工程物资需求持续精准对接。在精准供应模式论证过程中，团队进一步优化需求响应模式，提出应用协议库存可视化选购模式进行业务流程优化和自动化改造，实现配农网物资需求60天内精准响应。

三是强化统筹调配，实现"链"式应急保障。从日常运维和战时指挥

两方面出发，完善应急指挥体系建设。比如 2021 年 4 月 30 日，受突发大范围强对流天气灾害影响，沿海多个城市输电线路受损严重。供应链运营中心根据应急协作供应商名录，以"响应时间优先"原则排定应急协作供应商，立即组织供应商部署排产。短短 72 小时内，包括 51 基铁塔在内的所有应急抢修物资，通过跨区市调拨、应急采购等多种形式全部完成供应，实现应急物资需求精准匹配和供应全程闭环管控。

（六）健全工作机制，支撑运营管控

科学有力的配套机制是激发成员工作动力、保障各项工作稳步有序推进的重要支撑。为此，国网江苏物资公司深化运营工作机制创新实践，保障供应链运营中心各项业务有序、高效开展。

一是建立宣传贯彻培训机制。组织开展供应链运营新规则宣传贯彻，进一步强化物资专业人员的运营理念，提升他们对运营工作的认知度。组织开展数据中台、可视化分析等技术培训，为相关人员了解和参与运营体系建设赋能。

二是建立主要负责人负责制。国网江苏电力各级物资部、物资公司主要负责人亲自抓运营，对供应链运营中心工作"亲自过问、重点推进"，分管负责人协助抓好落实，集中力量协调督办跨专业重大问题，提升运营质效。

三是建立协同工作机制。按照"谁的业务谁负责"原则，由国网江苏电力供应链运营中心牵头组织，纵向省市协同，横向专业联动，共同推进运营工作开展。各专业板块明确专人负责本板块业务上线运行，参与本板块运营功能建设，促进本专业管理工作持续优化。

四是建立优化提升机制。供应链运营中心重点关注跨专业协同及影响全链整体运行目标实现的问题，提出业务流程与管理策略优化建议，不断提升供应链运营效率与规范化管理水平。

五是建立月报应用机制。每月发布供应链运营月报，重点反映供应链运营数据、监控预警信息、跨专业协同等事项，引导各专业主动扩展专业分析维度，防范业务风险，及时发现问题，促进专业水平提升。对影响供应链运营效率、效益和效果的问题，做好跟踪督办，实效闭环管控。

六是建立运营例会机制。定期召开供应链运营例会，分析业务异常数据，通报供应链运营、重大事项跟踪督办情况，针对重点专题开展讨论研究，对需要供应链运营中心协调的跨专业问题开展专题会商。

三、实施成效

（一）初步建成现代智慧供应链，供应链发展模式更优

构建供应链信息流枢纽，推动业务上线运行，强化数据资产管理，打造数据运营产品，建成数据资产应用"一平台"。构建供应链业务流枢纽，感知供应链运营状态，赋能智慧作业与管理决策，打造运营分析决策"一中枢"；建立"全方位、立体化"的业务监控预警体系，铺设风险监控预警"一张网"；构建供应链物资流枢纽，汇集供应链资源，实现资源优化配置"一盘棋"；统筹开展应急需求提报、调拨、配送等工作，搭建应急调配指挥"一条线"。

在国网系统内率先建成省级供应链运营中心，建立健全组织机构、运作机制，实用化水平稳步提升。建成二次设备生产物联管理中心，完成二次设备等数据接入标准编制。完成全部64个智慧场景建设与试点应用。

（二）优化采供管理模式，物资供应保障能力更强

一是采购策略持续优化。采用"班车＋专车"、"协议库存＋批次"和项目可研设计一体化招标等模式，缩短采购周期。

二是供应时效持续提升。推广履约单据电子化应用，增加寄存物资品

类和业扩配套实物储备，保障物资及时供应。

三是履约风险管控有力。建立长效管控机制，预警应付未付数据，2020年完成 18 亿元"三金一款"清理；严格供应商逾期交货违约索赔，2020年索赔 1 288.48 万元。

（三）突出协同建设要求，推动物资专业转型升级

供应链运营管理工作复杂，涉及大量跨专业、跨部门、跨单位的协调沟通，需要进一步强化协同要求，才能确保工作有效平稳开展。

一是强化跨专业、跨部门协同沟通。国网江苏物资公司从各业务部门抽调骨干成员，配备精兵强将，组建了运营管控实体部门，搭建"1+N"矩阵式柔性组织，明确主要任务与职责分工。

二是在组织体系优化完成后，按照"谁的业务谁负责"原则，建立物资智慧运营体系协同建设与保障机制，由各专业结合部门特色及工作需求，充分发挥专业部室的业务经验优势，自主建设本专业运营管理场景，推动物资专业由业务管理向运营管理转型。

四、启示和思考

（一）矩阵式柔性组织是推进工作有序开展的重要保障

与传统的职能制组织架构不同，柔性组织将不同专业人才集中到一个团队中，获得了打破专业壁垒、减少沟通成本的良好质效。国网江苏物资公司根据供应链运营体系建设工作需要，广泛听取相关同志意见、建议，组建供应链运营中心实体部门，并按"1+N"矩阵模式组建柔性团队，合理制订用人计划，减少人员冗余。团队成员间通过跨专业、跨部门的沟通合作，优化业务管理流程，缩短工作响应时间，提升了团队质效。柔性组织打破

了传统按职能划分的组织界限和专业壁垒，提高了团队的创新能力和决策效率，特别是在关键环节攻坚、核心业务推进方面发挥了关键作用。

（二）复合型人才队伍是推进工作有序开展的有力支撑

当前，新一轮世界科技革命和产业变革正蓄势待发，新技术迭代升级速度加快，经济社会活动复杂性全面提升，新情况、新事物、新问题不断涌现，必须统筹推进复合型运营人才培养，才能为运营业务内容广度、深度不断拓展做好支撑。

一是全面加强团队成员综合能力培养，通过专业培训、实地调研、个人自学等多种方式，持续提升成员系统思考能力、业务理解能力、数据分析能力、报告编制能力等，以适应供应链智慧运营体系建设工作需要。

二是及时总结前期人才培养有益经验，强化专业人才培养需求调研，完善培训人员业务培训与考核机制，持续做好供应链运营人才储备工作，促进肯干事、能干事的干部员工脱颖而出。

（三）创新型攻坚能力是推进工作有序开展的不竭动力

党的十九大报告指出，创新是引领发展的第一动力，是建设现代化经济体系的战略支撑。供应链运营中心是国网江苏物资公司新设部门，必须把创新摆在第一位，在创新中寻找出路。在供应链智慧运营体系建设过程中，团队全体成员不断解放思想，强化创新意识，集思广益、奋勇开拓，坚持以业务需求为导向，将现代信息技术手段与供应链智慧运营建设紧密结合起来，创新开展了大量业务功能研究、讨论，取得了很多重大突破、关键进步，弘扬了以创新为核心的工作精神，提升了攻坚能力，起到了良好的示范引领作用，推动物资智慧运营体系建设工作迈上新的台阶。

第四篇

创新突破篇

省级电网公司基于系统论的能源互联网
建设管理体系构建与实践

国网江苏省电力有限公司发展策划部

引言：国网江苏电力是首批唯一省级能源互联网建设示范单位。面对新型电力系统建设的时代浪潮，国网江苏电力已经规划好新型电力系统建设的"江苏样板"。

摘要：国网江苏电力立足江苏能源资源禀赋和电网发展现状，承接国家电网战略部署，运用系统论和运筹学思想构建了以"能源供应清洁化、能源消费电气化、能源利用高效化、能源配置智慧化、能源服务多元化"为引领的"五化"能源互联网发展战略，形成省级电网公司基于系统论的能源互联网建设管理体系，统领全省能源互联网建设。

在规划方面，构建了横向"能源网架、信息支撑、价值创造"三大体系融合、纵向"省—市—县（园区）"三级联动的二维规划矩阵，形成江苏能源互联网发展建设的具体路线。在示范方面，打造了"省—市—项目"三层示范体系。其中，在省级层面，打造"四新两高"新型电力系统；在市级层面，以五个典型城市为试点，开展差异化城市能源互联网建设路径探索；在项目级层面，按照"技术示范—集成示范—复制推广"的模式布局示范项目建设。在输出方面，为公司、行业及社会搭建能源互联网建设宣传、理念传播、成果转化、技术交流合作的实体平台，立体化、全方位宣传公司政策导向，助力地方能源产业发展。在管理方面，构建了能源互联网指标体系，通过会商机制、管控体系、调研机制和组织保障，形成精益化能源互联网建设管理流程，树立了国家电网战略落地实践的典范，被国家电网列为首批唯一省级能源互联网建设示范单位，实现了电网发展质量效益、企业经营综合实力全面提升，助力打造共建共享的能源互联网生态圈，加速全省能效提升、节能减排、可再生能源消纳利用的进程。

一、背景和问题

（一）落实国家双碳目标要求的需要

"2030 年前实现碳达峰、2060 年前实现碳中和"不仅是一个应对气候变化的目标，更是一个经济社会高质量转型发展的战略目标。能源系统是我国碳排放主要来源，清洁能源需要通过电能形式进行转化利用。建设以电为中心的能源互联网，统筹协调各个能源系统发展运营，形成能源生产消费全环节合力，有利于实现清洁能源开发利用最大化。作为能源消费大省和能源资源禀赋小省，与其他地区相比，江苏清洁能源供需不平衡、供给不充分的问题更加突出，实现能源低碳转型更加艰巨和迫切。国网江苏电力紧密结合全省和各地区发展基础与要求，开拓创新能源互联网发展思路与理念，是助力江苏履行在全国率先实现碳达峰、"争当表率、争做示范、走在前列"重大使命的具体体现。

（二）推进国家电网战略落地实践的需要

国家电网全面服务党和国家工作大局，确立了建设具有中国特色国际领先的能源互联网企业战略目标，创新构建"一业为主、四翼齐飞、全要素发力"总体布局。能源互联网建设是一项开创性工作，没有先例可循，亟须在战略、规划、实践等各个环节明确能源互联网的建设路径、管理模式。作为国网系统排头兵，国网江苏电力电网发展保持领先、技术创新走在前列，在建设高端电网、能源互联网等领域率先开展理论研究与技术创新实践，具备了在能源互联网建设中当标杆、站排头的基础和底蕴。国网江苏电力推进能源互联网建设，将为其他省级电网公司树立"江苏典范"、打造"江苏样板"，以更高标准、更高站位承接国家电网战略在国网江苏电力率先落地。

（三）助力公司经营提质增效的需要

电力市场建设加速，国企改革进入关键突破期，电力市场化交易规模不断扩大，输配电成本监审和价格核定更加严格，这将导致电网企业盈利模式发生根本性改变，增强企业"竞争力、创新力、控制力、影响力、抗风险能力"，成为国网江苏电力现阶段实现可持续健康发展的当务之急。建设以电为中心的能源互联网，将有助于国网江苏电力立足新发展阶段，贯彻新发展理念，强化前瞻思考和系统谋划，提升经营管理意识，积极探索改革创新路径，抢占能源电力技术制高点，注重内外部环境机制构建，促进企业活力激发、动力增强、实力增长，在服务和融入新发展格局中展现新作为。

国网江苏电力深入社会经济和能源领域研究，主动参与政府能源规划、电力规划、国家电网能源互联网战略规划编制工作，对接上级战略规划意图、了解基层实际需求，为江苏能源互联网理论研究奠定了坚实的基础，并在此基础上构建了基于系统论的能源互联网建设管理体系。

二、主要做法

（一）把握能源互联网内涵特征，确立战略体系

1. 开展前瞻研究，奠定理论基础

国网江苏电力深入社会经济和能源领域研究，主动参与政府能源规划、电力规划、国家电网能源互联网战略规划编制工作，对接上级战略规划意图、了解基层实际需求，为江苏能源互联网理论研究奠定了坚实的基础。

江苏经济规模体量大，基础制造业发达，能源需求增长仍有较强刚性。一次能源结构"重煤重油"特点显著，能源供应自给率极低。从碳排放结构看，能源活动碳排放占全省碳排放总量的80%以上，而发电碳排放又占全省碳排放总量的46.7%。尽管江苏煤炭、油气资源储量少，但风、光等新能源较为丰富，省内陆及沿海地区风能资源总储量约3 469万千瓦，中远海预计可装机容量达5 000万千瓦以上，全省陆地太阳能资源约1 830亿吨标准煤/年。因此，推进电力系统自身的低碳发展，支持省内外清洁电力的大规模开发和并网运行，构建多元发展的能源体系，实现能源生产的清洁化、能源利用的高效化，是缓解能源安全保供压力、推进清洁低碳转型的必然和首选途径。

新能源发电具有随机性，极热无风、晚峰无光，"大装机小出力"特征明显。随着新能源高比例接入，能源系统运行机理发生深刻变化，控制模式发生根本性改变，能源可靠供应和电网安全运行面临挑战。江苏风电、光伏资源分布在苏中和苏北沿海地区而需求中心位于苏南，新能源资源供需逆向分布，进一步加大了资源优化配置难度，需要充分依托江苏成熟的物联网产业链，通过能源互联网的建设推动电网数字化转型，有效协调电源、电网、负荷、储能等各类资源，解决风电、光伏等可再生能源的随机性、

波动性等问题，实现能源灵活调配，减少能源资源备用，利用各类资源互联互通互济的优势抵御小概率、高风险突发事故的冲击，有效保障电网运行安全以及可再生能源高效安全开发与利用，实现能源配置的智慧化。

新能源的大规模利用为能源消费侧电能替代创造了条件，而电能替代同时也为扩大新能源的消纳空间提供了保障。电气化水平的提高可以促进交通、建筑、工业等领域清洁电力的消费，从而实现对化石能源的替代、减少碳排放。能源互联网的建设可以打通各类能源网络，推动分布式能源系统、各种储能设施和各类用户互联互通、高效转化，促进形成能源绿色消费新模式，为智慧城市、智慧社会建设提供解决方案，实现能源消费的电气化和能源服务的多元化。

2. 谋划技术路线，明晰发展方向

基于上述分析，国网江苏电力依托"基于多重战略叠加环境下的省级电网企业战略发展研究"、"江苏关键产业链发展形势"和"公司推进长三角一体化发展策略"等课题开展能源互联网战略环境研究，研判江苏在全国发展中的定位及未来经济、产业发展方向，更好地指导江苏能源互联网布局谋划；依托"江苏能源战略布局"和"省级电网公司推进两个50%实践路径"等课题开展江苏省内能源转型和能源战略实施方案研究，建立省、市两级能源关键指标统计及测算工作体系，持续开展产业能耗能效量化分析等基础性工作；依托"省级电网公司建设能源互联网企业的关键决策支撑技术研究"等课题开展江苏能源互联网建设的技术路线及业务布局研究。经过持续深入的探索，明确了江苏能源互联网的发展方向。

一是在能源供应清洁化方面，发挥电网的基础枢纽作用，促进清洁能源大规模开发利用和大范围优化配置，提升清洁能源发电量，形成能源绿色发展新格局。建设兼顾大型新能源基地和分散式新能源接入的坚强灵活网架，推动可再生能源与电网协同发展；大力发展火电灵活性改造、储能、

用户侧可控负荷等灵活性调节手段，保障高比例可再生能源消纳；推进跨区跨省输电通道建设，充分发挥区域电网资源互联互供、协调互济作用，扩大清洁能源配置范围和提升能源配置能力。

二是在能源利用高效化方面，提高能源生产消费全环节的统筹协调和集成优化能力，提升全社会综合能效水平，为生态文明建设注入新动能。提高能源生产、输配环节的数字化、智能化水平，降低能源转换传输过程中的损耗；发展综合能源业务，推动电能和热、气、冷等能源形式互联互通、共享互济，减少系统备用和冗余，提高能源综合利用效率；构建全社会综合能效评价体系，开展能效管理与节能服务，提升客户综合能效水平。

三是在能源配置智慧化方面，广泛应用新一代信息通信及控制技术，推动电网由单一电能输送载体向具有强大资源配置能力的智能化平台升级。加快"大""云""物""移""智""链"等技术在全业务链中的融合创新应用，为资源配置、安全保障和智能互动赋能，推动业务智能化升级；加强源网荷储协同规划运行，用全环节数据拓展产业链、价值链，带动高端技术装备发展和产业升级；培育基于互联网的能源交易市场，健全省内省间电力交易规则，通过市场化、信息化手段促进能源优化配置。

四是在能源消费电气化方面，践行绿色发展理念，推动电能对化石能源的深度替代，提升终端能源消费中的电能占比，培育电能消费竞争新优势。顺应产业结构调整带来的用能结构变化趋势，推动绿色消费模式成为经济社会发展和城镇化建设的用能新风尚；围绕国家乡村振兴、长江大保护等战略，聚焦工业用热、自备电厂等传统领域和港口岸电、电动汽车、居民采暖、乡村电气化等新兴领域，拓展电能替代的广度和深度；着力建设现代配电网，推动智能电气设备应用，全面提升终端能源消费的智能化和高效化水平，支撑智能楼宇、智能交通、智慧城市的发展。

五是在能源服务多元化方面，从"用上电"向"用好能"发展，延伸产业链、拓展价值链、塑造生态链，打造国际领先的能源服务新样板。以客户为中心，提升内部效能，推动公司业务由单一电能供应向能源互联网新兴业务升级。强化能源互联网思维，向产业链上下游开拓延伸，提升为客户创造价值的深度和广度，由提供产品向提供服务转变。以优质服务为基点，抢先布局发展能源互联网生态系统，由单一企业发展向构建行业生态转变，实现多方协同共赢。

3. 构建五化战略，明确建设布局

在此基础上，运用系统论和运筹学思想，坚持定性与定量、分解与集成相结合，融合系统工程技术、系统工程管理两大过程优化，将国家能源变革要求、总部战略与江苏本地基因进行融合，纵向注重顶层设计、科学管理、自主创新、全面协作、综合集成，横向注重战略层面思想大协同、规划层面融合大协同、工程层面要素大协同、系统层面体系大协同，编制《江苏能源互联网战略发展纲要》，创新提出江苏能源互联网"五化"战略体系（见图10-1）：围绕国家、国家电网的战略要求，考虑江苏能源消费大省和能源资源禀赋小省的客观实际，以能源供应清洁化、能源消费电气化、能源利用高效化、能源配置智慧化、能源服务多元化为统领，以2023年示范引领、2025年基本建成、2030年全面建成为目标，以"规划—示范—输出—管理"为路径，建设以电为中心的江苏能源互联网，实现传统电网在技术、形态、功能、生态等方面的转型升级。

在规划方面，构建了横向"能源网架、信息支撑、价值创造"三大体系融合、纵向"省—市—县（园区）"三级联动的二维规划矩阵，形成江苏能源互联网发展建设的具体路线。在示范方面，打造了"省—市—项目"三层示范体系。其中，在省级层面，打造供给新体系、配置新格局、消费新形态、存储新模式、技术高水平、机制高效能"四新两高"新型电力系统；在市级层面，以五个典型城市为试点，开展差异化城市能源互联网建设路径探索；在项目级层面，按照"技术示范—集成示范—复制推广"的模式布局

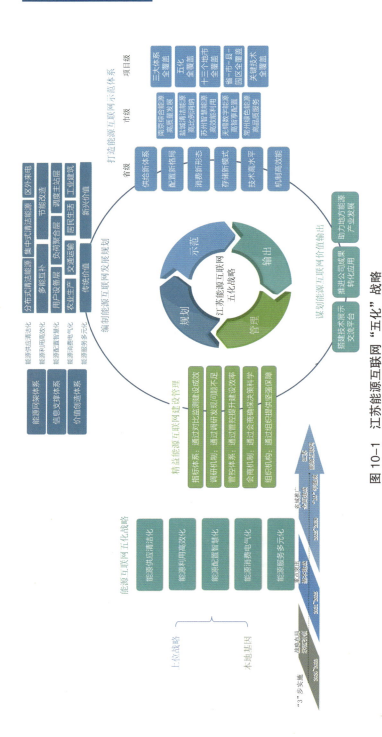

图 10-1　江苏能源互联网"五化"战略

示范项目建设。在输出方面，为公司、行业及社会搭建能源互联网建设宣传、理念传播、成果转化、技术交流合作的实体平台，立体化、全方位宣传公司政策导向，助力地方能源产业发展。在管理方面，构建了能源互联网指标体系，通过会商机制、管控体系、调研机制和组织保障，形成精益化能源互联网建设管理流程。

（二）开展能源互联网系统规划，统筹布局发展

1. 明确能源互联网规划目标

依托国家电网能源互联网建设要求，同时结合本省实际，国网江苏电力立足"争当表率、争做示范、走在前列"，积极推进能源互联网落地建设，计划2023年前率先建成一批兼具先进性和系统性的城市级、园区级能源互联网集成示范区，为全面推广建设奠定良好的基础。

计划到2025年，基本建成省域能源互联网。这一目标包括形成以坚强智能电网为基础，支撑各类能源、多元负荷即插即用、双向互动、灵活转换的能源利用格局，实现能源主体充分互动；基本建成现代市场服务体系，拓展综合能源服务、能源金融等新兴业务，能源新业态、新模式初具规模；清洁能源消纳能力进一步提升，满足省内"十四五"期间清洁用能需求；基本形成城市级能源互联网示范，为政府提高现代能源治理能力提供重要支撑。

计划到2030年，全面建成省域能源互联网。电网全面成为多种能源汇集传输、转换利用的能量交换枢纽，成为不同能源主体之间信息交互、数据处理、协调运行、资源优化的中枢。全面建成公司级智慧能源综合服务体系，形成高度开放的能源交易市场和共建共享的创新创业生态圈，为全社会提供经济高效、绿色安全的用能服务，成为促进经济发展、结构调整和产业升级的强大引擎。

2. 构建能源互联网规划体系

横向，打破现有各专业分块编制规划模式，建立涵盖"能源网架、信息

支撑、价值创造"三层体系架构的综合性规划模式。纵向，统筹省级、市级能源互联网建设任务，在编制省公司规划方案时选取5个重点城市、n个县及重点园区同步开展差异化规划方案研究，率先构建了"1+5+n"（1个省级、5个示范城市、n个县及重点园区）规划成果体系。其中，省级层面，编制《江苏省级示范区能源互联网规划》；市级层面，南京、苏州、无锡、常州、盐城分别根据地方特色，编制"五化"差异化发展的城市能源互联网规划；县及园区级层面，吴江作为长三角示范区江苏部分编制《长三角一体化示范区能源互联网规划》，其他县及园区根据地方特色编制各具特色的相关实施方案。

3. 编制能源互联网建设方案

为进一步细化建设任务与节点，在规划指引下，结合地区能源资源禀赋和发展需求，分层分级、因地制宜确定建设重点，进行建设方案编制。在建设方案中明确3年内主要任务，重点工程、各项目关键时间节点、建设规模及配置、投资预算及渠道。其中，省级方案编制注重顶层设计，统筹常规电网业务及能源互联网创新业务，统筹建设资金安排及合理分配，协调项目布局方向；城市、县及园区级方案编制立足本地能源需求、能源资源禀赋、产业特点，探索新技术应用、建设模式创新及优势特色项目示范。

（三）构建能源互联网示范体系，打造先行样板

1. 省级层面，打造新型电力系统

以助力新能源大规模发展和高效能利用为核心，加快打造供给新体系、配置新格局、消费新形态、存储新模式、技术高水平、机制高效能"四新两高"新型电力系统。

在供给新体系方面，推动新能源项目科学布局、有序开发，全力保障区外新能源引入规模持续扩大，对区内海上风电、光伏资源最大限度地开发利用，加速新能源助力电力系统装机和成为电量主体进程，发挥煤电等常规电源的"调节 + 备用"作用。

在配置新格局方面，持续提升电网优化配置资源能力、电力网络与能源网络互联互通能力，实现电网承载新能源大规模发展能力显著提升，充分保障新能源优先开发利用与化石能源清洁利用。

在消费新形态方面，持续升级网荷互动能力，扩大可中断、可调节负荷规模，实现新能源消纳空间和消纳潜力充分挖掘。在新能源占比不断提升、能源利用效率显著提高的前提下，推动电能替代的广度与深度拓展，促进终端消费电气化水平有效提升。

在存储新模式方面，满足大规模新能源接入后更大时间和空间尺度的平衡消纳需求，大力推动抽水蓄能发电发展，积极探索电化学储能、超级电容等新型储能技术广泛应用，大力推广即时和延时可中断负荷聚合应用，有效提升电力系统调节能力、能源综合利用能力和安全保障能力，有效提升新能源发电利用效率和成本控制水平。

在技术高水平方面，通过加快新型电力系统关键技术攻关、加快新型电力系统标准专利布局、提升源网荷储全息感知能力、推动先进数字技术为新型电力系统赋能、培育数字应用生态五项重点任务建设，推动"政产学研用"资源充分融合，柔性直流、中远海上风电并网消纳、分布式光伏群调群控等关键装备和技术应用取得突破，5G、区块链、电力北斗等先进数字技术深化运用，助力江苏电网实现数字化转型升级，引领新能源技术创新发展与实践应用。

在机制高效能方面，通过推动构建新能源发展政策体系、推动健全电力价格形成机制、服务电力市场 / 碳市场建设、构建能源互联网生态圈四项重点任务的建设，推动形成源网荷储一体化协调发展的完整政策体系，实现电力市场统一开放、竞争有序，使现货市场、辅助服务市场和容量市场配置资源能力充分发挥，电力市场、碳市场有机融合，营造新能源发展良好政策、市场、生态环境。

2. 市级层面，探索多元发展路径

根据全省各地市能源资源禀赋、经济发展水平、产业结构特点、区域能源基础等维度，选择南京、苏州、无锡、常州、盐城为试点，以点带面、精准施策，开展五个不同特色城市的能源互联网试点建设。

以"五化"为主题，立足南京作为长江经济带重要中心城市、江苏省会城市的定位，围绕南京能源资源禀赋不高、能源消耗多、能源清洁化率较低的"痛点"，依托江北国家级新区建设，以规划协同、用能高效和服务优质为重点，在南京打造综合能源高质量发展的城市能源互联网。

以能源利用高效化为主题，针对苏州能源对外依存度高、能效挖潜空间大的特点，把握苏州建设国际能源变革发展典范城市的机遇，充分发挥500千伏 UPFC、大规模源网荷友好互动系统、同里区域能源互联网等一批世界一流电网示范项目的作用，在苏州打造智慧能源高效能利用的城市能源互联网。

以能源配置智慧化为主题，依托无锡集成电路、物联网技术和数字经济产业优势，加强数字化技术在能源生产、传输、消费等环节中的应用，在电网升级改造上发力，以新能源汽车及充电设施监管等能源数字平台为纽带，提供多元增值服务，在无锡打造数字化高效智慧共享型城市能源互联网。

以能源消费电气化、能源服务多元化为主题，发挥常州作为"工业智造明星城"的工业互联网基础以及智能制造和智慧能源产业基地的区位优势，全力构建全电化能源消费的高铁新城，带动新材料、新能源等上下游产业链的新升级，拓展光伏、储能、氢能、碳纤维及石墨烯等一批前沿产业的新布局，在常州打造绿色能源高品质服务的城市能源互联网。

以能源供应清洁化为主题，立足盐城风、光资源丰富的自然禀赋，结合长江大保护产业转移，抢抓沿海大发展良机，在能源生产侧风光电储多

能并举，在能源消费侧创新商业模式，率先实现清洁能源占一次能源比重超过 50%、电能在终端能源消费比重超过 50% 的目标，在盐城打造清洁能源高比例消纳的城市能源互联网。

3. 项目级层面，布局示范项目建设

（1）以点带面，实现全覆盖。

以项目的先进性、示范性为原则，布局建设源网荷储省地协同支撑系统、祝塘综合能源站、卓越运营电动汽车极客空间等第一批能源互联网示范项目，实现能源互联网"三大体系"、"五化"理念、"十三个地市"、"省—市—县—园区"四级和"关键技术"这"五个全覆盖"，见图 10-2。

（2）迭代完善，持续创新集成。

总结第一批示范项目经验，聚焦"前沿探索、创新应用、规划指导、重大工程、系统集成、平台深化"六大方向，布局第二批示范项目，开展零碳变电站、配电能源网格、区域综合示范等工程建设，实现再创新、再实践、再提升，在第一批示范项目初步实现"聚沙"的基础上，进一步阐述什么是"塔"、如何"成塔"，为江苏能源互联网全面建设做好充分准备。

（3）总结提炼，组织复制推广。

在示范项目建设运维基础上，开展成效评估总结；遵循可测量、可评价、可复制、可推广的基本原则，筛选较为完善成熟的示范项目，组织典型实践案例和运维模式的推广。例如，"综合能源站"已基本完成典型设计方案，省内变电站升级为综合能源站的条件普查已经完成，综合能源站推广计划基本形成。系统调控方面"配网智慧大脑""新能源高效消纳协调优化控制系统""源网荷储省地协同控制系统""电网侧储能电站集群控制""区域综合能源协调控制系统"等示范项目，能效提升方面"内河运输、景区游船电气化""综合能源客户内部能效监测系统"等示范项目，也已具备推广条件，正在策划相关技术标准编制和筹备推广工作。

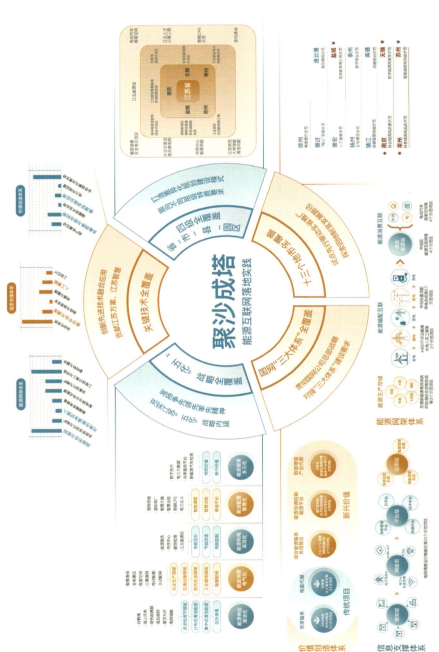

图 10-2 江苏能源互联网示范项目布局

（四）谋划能源互联网价值输出，助力生态构建

1. 搭建技术展示交流平台

针对能源互联网项目散布于各地，现场难以到达和进入，技术原理、运行状态、项目成效难以直观体现的现状，运用国网江苏电力数据中台、业务中台资源，对能源互联网建设概况进行集中展示。建设"能源互联网探索与实践展厅"，进行能源互联网建设理念愿景、示范项目概况、先进装备技术的集中展示；建设"能源互联网指挥控制中心"，实现对能源互联网运行状态的实时呈现和调控操作的现场演示，为公司、行业及社会搭建能源互联网建设宣传、理念传播、技术交流合作的实体平台。及时总结提炼项目经验，开展示范项目年度总结、能源互联网论文征集、宣传册编制等专项工作，立体化、全方位宣传公司政策导向，积极营造良好的社会舆论氛围。

2. 推进公司成果转化应用

建立"双创中心 + 众创空间"+"省管产业单位 + 双创基地"的"2+2"成果转化体系，打通"产学研用"全链条，为成果研发、孵化、转化提供实用技术，会同地方政府共建能源互联网、现代制造业产业园，开门搞科技，转化搭平台，加速创新成果的产业化，加速推动成果产业化、市场化。在省经研院建立了"区域能源互联网规划设计数据智能管理及仿真系统"，在省电科院建立了"能源互联真型试验平台"，分别在宏观决策规划层面、调控与设备层面，形成了技术交流与试验平台，为在系统内外开展能源互联网研究创造了软硬兼备的研究环境。

3. 助力地方能源产业发展

连续三年参与举办城市能源互联网产业发展论坛，通过专家演讲、规划发布、项目签约、成果展示、项目洽谈的形式推动能源互联网人才、技术、信息、资金等要素集聚，引导能源互联网产业成为新旧动能转换、产业能

级跃升的新引擎和新优势，助力江苏省能源互联网建设走在全国前列，早日实现"碳达峰、碳中和"目标。

（五）精益化能源互联网建设管理，推进有序实施

1. 构建上下联动、顺承发展的指标体系

为具象化发展目标，衡量现状差距，评价工作成效，国网江苏电力参考国内外能源系统、能源企业指标体系，建立省级能源互联网指标体系。在指标结构上，围绕"五化"设置了关键指标和支撑性指标（关键指标反映工作目标，支撑性指标指引工作方向），使工作做到有的放矢。在指标选取上，顺承国家电网指标体系，结合江苏实际完善结果性指标，体现了对国家电网指标的支撑作用。在目标值设置上，体现问题导向、目标导向、结果导向，充分考虑国际领先对标以及江苏能源结构转型要求，具有较强引领性。通过现状值与目标值的对比，建立并不断完善动态调整机制，定期结合社会经济发展宏观环境、国家能源（尤其是电力）政策、公司发展战略等重大边界条件，对能源互联网建设情况进行回顾、梳理、评估，及时总结经验、分析问题，必要时对指标进行适度微调，保障指标的适应性、前瞻性、可行性，增强指标的科学性、权威性和约束力。

同时统筹协调各专业部门，强化沟通协作，形成工作合力，及时对指标落实情况进行跟踪分析和督导检查，形成长期监测、绩效评估、监督考核机制，及时解决问题和困难，针对重大情况及时上报。另外，充分发挥公司内部舆论监督作用，引导公司上下参与指标贯彻落实的全过程，提高战略推进、科学管理、民主决策的水平。

2. 构建锐意进取、专业协同的会商机制

针对能源互联网业务跨界融合、技术创新特征，组织公司技术、技经、法律、财务等方面的业务骨干及专家联合进行现行企业经营管理规范、技

术规程与标准适应性研讨，形成制度与标准创新突破建议；联合进行示范项目策划论证、可研报告评审、意见收集、投资分类等工作，为项目技术经济可行性、投资渠道方式合规性等把关号脉，为引导政府、社会资本、用户参与示范项目建设运营出谋划策。

3. 构建节点清晰、责任明确的管控体系

以安全质量效率效益为导向，不断加强项目管理制度保障。构建"专业式＋属地式"混合的任务分解模式，将能源互联网规划目标及重点任务细化为各阶段、各部门及各员工可量测的指标和可落实的具体任务；建立项目责任清单制度，明确各示范项目牵头单位与责任部门，将各项工作落实到人；建立周报制度，形成项目里程碑节点，定期梳理示范工程建设进展，确保各项工作有序进行；建立专项课题研究制度，深入开展坚韧电网、新能源消纳、储能配置等专题研究工作，深化先进技术创新应用。

4. 构建导向鲜明、精准迅捷的调研机制

根据在日常管控中反馈的痛点、堵点问题，组织技术专家和工作小组成员，定期、分片走访项目实施现场，与研发制造单位、用户、政府、地市公司等进行研发应用、管理方式、应用场景、推广方式、商业模式等方面的交流讨论，形成专题报告，总结经验教训，以对立项评审方式、资金落实等管理方式、综合能源站布置与配置等技术方案形成优化建议并付诸实践。

5. 组建机构刚性、团队柔性的组织机构

成立能源互联网建设工作领导小组，在发展策划部设立能源互联网办公室，形成由公司决策层顶层设计、发展策划部归口管理、各专业部门推动实施、各地市级供电公司和产业单位建设执行的能源互联网建设组织体系。同时，聚集省经研院、省电科院等核心支撑力量及清华大学等外脑资源，组成柔性工作团队，超前布局能源互联网相关研究，推动成果转化为促进

公司发展的新思路、新举措，为能源互联网科学决策提供智力支撑。

三、实施成效

（一）树立战略落地典范，管理效益显著

通过能源互联网建设，国网江苏电力实现了国家能源安全战略、国家电网能源互联网企业建设等上位战略与江苏本地基因、公司自身发展要求的有机结合；以"五化"为方向指引，系统构建并不断迭代完善江苏能源互联网建设的战略规划、试点示范、组织管理、生态环境体系，为战略落地夯实了理论与实践基础；在发展目标、理念、建设推进实现大统一的前提下，通过示范体系建设实现了从单项新技术、新装备应用，到系统集成、多元聚合、互补协同，再到价值创造、生态机制构建的系统性探索，加快了战略落地进程，积累了丰富的建设运营经验，形成了踊跃创新的氛围，走出了一条具有江苏特色的能源互联网发展新道路。

国网江苏电力在系统内率先发布省级能源互联网战略、规划、建设方案，获得评审专家的高度评价；相关探索与实践经验经提炼与总结形成《能源互联网创新与实践》宣传册、《区域能源互联网：理论、业务与实践》专著，成为国网江苏电力宣传贯彻战略规划、指导业务开展的手册，为国家和国家电网能源互联网战略实施提供了江苏案例、贡献了苏电智慧。2021年，国网江苏电力被国家电网列为首批唯一省级能源互联网建设示范单位。

（二）提升电网发展质效，经济效益显著

通过能源互联网建设，国网江苏电力抓住了能源供应清洁化、能源消费再电气化加速的契机，进一步巩固了电网作为能源资源优化配置核心枢纽的作用，实现了电网发展质量效益、企业经营综合实力全面提升。"十三五"

期间，国网江苏电力克服了中美贸易摩擦、新冠肺炎疫情、输配电价改革等因素的影响，业绩考核连续 9 年获得国网系统第一名。

（三）彰显央企责任担当，社会效益显著

通过能源互联网建设，国网江苏电力进一步增强了承担社会责任的能力：通过搭建综合能源云网等服务平台，以及农、工、商、交通、公共服务设施等重点领域能源服务示范项目建设，以技术服务推广、宣传展示等方式，带动政府机构、社会资本、产业公司等投资建设能源互联网项目，努力形成政、网、源、用、研协作协同、共建共赢的能源互联网发展建设新局面；基于能源互联网运行技术分析和数据价值挖掘，常态化开展能源形势、经济运行态势分析等，形成数十项能源和战略研究成果。

（四）推进能源低碳转型，生态效益显著

通过能源互联网建设，加速了全省能效提升、可再生能源消纳利用、清洁能源替代化石能源的进程。"十三五"期间，基本实现了源网荷各环节能耗及排放的监测全覆盖，督促全省燃煤机组完成超低排放改造，平均发电煤耗降低至 286 克 / 千瓦时的国际先进水平；清洁能源装机规模由"十二五"末的 12.1% 提升至 28.6%；累计净受电量超过 5 200 亿千瓦时，等效减少省内煤炭消耗 15 600 万吨，减少二氧化碳排放 47 840 万吨。

四、启示和思考

（一）生态发展是主要方向

能源互联网的特质决定了其多方参与、互动共享的发展方向。随着新型电力系统建设的深入推进，生态化程度将不断提高，在今后工作的谋划

中需重点考虑。

（二）多层突破是主要策略

升级打造新型电力系统，实践探索多元发展路径、项目布局示范建设，从顶层设计到末端实施有序推进，各层级需集中力量聚焦本层级任务重点突破。

（三）实施管控是成功关键

能源互联网体系建设是涉及国网江苏电力各层级、各业务领域的系统工程，方案的落实必须统筹内外部形成推进合力，全过程管控的有效性对成功推进至关重要。

供电企业非结构化青年群落生态构建

国网江苏省电力有限公司苏州供电分公司

引言：聚是一团火，散为满天星。如何能把分散于各个角落的青年聚成一团火？国网苏州供电公司为此构建了一种"非结构化青年群落运作"新模式。

摘要：国网苏州供电公司深入把握青年发展要求与组织发展趋势，综合运用人本管理、组织行为学、生态学等理论，提出非结构化管理和非结构化组织理念，明晰内涵及特性；引导、辅助创建领航型、创新型和兴趣型非结构化青年群落，进而从员工、组织、企业三个层面构建"三化三无"非结构化青年群落运作模式。在员工层面，构建包含自主和创新的双维培养机制与涵盖管理、技术积分的量化引导机制，推动员工自我提升、主动创新，实现"员工创客化，管理无领导"；在组织层面，融入项目化运作思想，构建非结构化青年组织"自活动""他项目"全过程管理机制，建立资源配置目标导向，提升非结构化青年群落运行质量，以青年智慧解决公司发展难题，实现"运作项目化，资源无限制"；在企业层面，融入能源互联网格局，运用平台模式，内部构建引导、实施、辅助三级管理同心圆，外部构建产学研三融平台，以党团联建为先导，推动非结构化青年生态无限连接，实现"企业平台化，组织无边界"。

一、背景和问题

（一）青年员工培养手段需要丰富

中共中央、国务院印发《中长期青年发展规划（2016—2025 年）》并指出：要改革完善青年人才管理体制，创新青年人才培养开发、评价发现、选拔任用、流动配置、激励保障机制。长期以来，青年员工的培养以组织培养为主，调动青年员工的主动性、鼓励建立非结构化青年群落是落实国家青年发展战略、打造企业高质量动力"策源地"的有力抓手。同时，随着人们思想状态、价值取向、生活方式、工作方式和思维方式的变化，工作方式、思路、理念也受到不同程度的影响并发生一定程度的变化，青年员工受影响更为突出，因此培养手段必须随之丰富。

（二）顺应国家电网组织体系演变趋势的需要

近年来，国家电网以促进员工能力全面提升为核心，通过"一岗多能"等方式，推动员工向"全能型"人才发展，组织体系朝着融合、柔性的方向发展。长期以来，青年员工按专业培养，专注提升本专业技能水平，与全能型人才的要求存在差距，需要投入较多的精力由专到全。非结构化管理内涵与国家电网组织体系演变的核心思想相一致。

（三）新时代青年员工特性要求适用非结构化组织培养

近年进入国网苏州供电公司的新生代青年以"90 后"为主体，他们具有以下几个方面的特性：一是文化知识丰富。本科及以上占绝大多数，学历层次较高，拥有丰富的专业知识。二是思想观念活跃。当前，大数据、移动互联、云计算等新技术空前发展，人们正在以新的方式彼此连接和协作。青年员工心理活动异常活跃，他们更加注重人性自由，追求自我个性，不愿过多地受到约束。三是成长愿望强烈。新入职的青年员工都希望拥有良好的成长环境和发展平台，希望自己的付出能够收获成绩和荣誉，以充分体现自我价值。四是创新意识突出。青年员工普遍思维开阔，创新意识突出，能够高效地与知识激荡，并融会贯通到创新中。获得成就感往往是新生代员工拼搏的动力。刚性的正式组织对新进员工自由思考和大胆创新有所限制，亟须建立符合新员工特性的非结构化管理模式和组织体系。

国网苏州供电公司从青年员工特性出发，结合理论研究，提出了从理念到模型再到实践的非结构化青年群落生态建设模式。

二、主要做法

（一）明确方向，确定构建模式

1. 提出非结构化理念

国网苏州供电公司提出了非结构化管理概念，即：介于组织结构化管理与员工自我管理之间，以员工自我管理为基础，以组织结构化管理为引导，通过自下而上的管理逻辑，根据特定事项、目的对资源进行优化配置，为员工赋能，在实现员工全面发展的同时促进组织目标实现的拉动式管理。与结构化管理相比，非结构化管理具有如下特性：

管理目的不同。结构化管理是以科学管理或行为科学理论为基础，以完成组织目标为首要目的；而非结构化管理是以知识管理为基础，以实现员工的全面发展为首要目的，同时促进组织目标的实现。

管理核心不同。结构化管理的目的是实现组织目标，其管理核心是完成与组织目标相关的"事"；非结构化管理的首要目的是人的发展，因此管理核心是"人"。

管理逻辑不同。结构化管理以实现组织目标为导向，一般以组织目标为原点，采用自上而下分解的方式明确管理任务，管理逻辑是自上而下；非结构化管理以实现人的全面发展为目的，应从员工需求出发，因此管理逻辑是自下而上。

管理手段不同。结构化管理的逻辑是自上而下，一般采用"我叫你干什么，你就得干什么"的控制命令方式；非结构化管理的逻辑是自下而上，一般采用"你需要什么，我能提供什么"的协商服务方式为员工赋能，帮助员工实现发展、达成目标。

管理方向不同。结构化管理以实现组织目标为首要任务，由于组织目标不一定与员工目标完全一致，所以一般是"推动"员工工作与组织需求保持一致；非结构化管理是以员工发展为首要任务，一般用员工的发展意愿"拉动"员工工作。

管理幅度不同。结构化管理一般从组织目标出发，以专业、职能为条线进行管理，属于"线"管理；非结构化管理从人出发，而人是具有共性的，不分专业，所以属于"面"管理。

2. 构建非结构化模式

管理模式是各类资源要素有效配置的方式。管理模式由三个基本部分组成，即资源供给方、需求方和分配方式，见图 11-1。

图 11-1　管理模式组成要素

国网苏州供电公司结合非结构化管理内涵确定非结构化管理中的资源

供给方、需求方和分配方式如下：

资源供给方为以各级部门/机构为代表的结构化组织及外部机构。由非结构化管理的特性可知，企业在管理中主要通过"你需要什么，我能提供什么"的协商服务方式，扮演着以"赋能"拉动管理的角色，因此，公司以平台方式，为众多非结构化组织提供支持和帮助。

资源分配方式主要指按照什么规则进行资源分配。由非结构化管理的特性可知，非结构化管理资源分配是针对特定事项和特定目标进行的，不同于一般的运营管理。因此，非结构化管理宜采用项目化资源分配方式。

资源需求方为非结构化组织。由非结构化管理的特性可知，非结构化管理是适应知识经济发展趋势，以人的全面发展为目的的管理方式，因此非结构化组织必须具备"创客"特性。

（二）创新理念，构建运作模式

以员工自我管理为基础，提出非结构化管理理念，通过"三化"达到"三无"效果，见图11-2。一是企业平台化实现组织无边界。企业平台化后，公司所有的非结构化组织可以得到所有职能部门的协助，非结构化组织成为网络结构中的一个节点，通过网络化，组织边界无限扩张，实现组织无边界。二是员工创客化实现管理无领导。员工作为非结构化组织的成员以创客身份实现自我管理，根据自己的兴趣和发展计划选择项目或工作，实

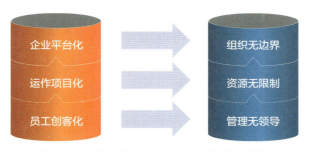

图 11-2　非结构化"三化三无"管理特性

现自我驱动，形成了管理无领导。三是运作项目化实现资源无限制。项目作为资源分配标的，项目需要多少，资源就分配多少，避免了结构化管理中以行政方式分配资源的弊端，达到了资源无限制的目标。

（三）创建组织，夯实运转基础

结合青年员工活跃特性，提出将非结构化组织作为运作载体。此处的非结构化组织即因非结构要素（如理想、文化、兴趣）聚合而成，在组织固有结构体系之外独立运作，促进结构化母体组织功能更有效发挥，被结构化组织承认的一种组织形态。构建以注册制为核心的组织创建机制。截至目前，共注册成立领航型、创新型、兴趣型三大类共 16 个非结构化青年组织，见图 11-3。

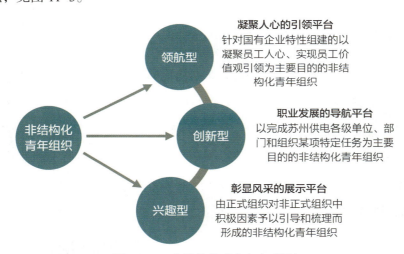

图 11-3　非结构化青年组织类型

一是领航型非结构化青年组织——凝聚人心的引领平台。这是针对国有企业特性组建的以凝聚员工人心、实现员工价值观引领为主要目的的非结构化青年组织。通过其运作，发挥党组织在国有企业的领导核心和政治核心作用，进而强化党组织对企业发展的引领，筑牢非结构化青年群落生态核心价值。如党建工作青年研习会（组）等三个领航型非结构化青年组织。

二是创新型非结构化青年组织——职业发展的导航平台。这是发挥员工的创造力和主动性，以完成国网苏州供电公司各级单位、部门和组织某项特定任务为主要目的的非结构化青年组织。它是各级单位/部门开展阶段性重点工作，特别是跨职能/部门任务的有效组织形式。通过其运作，能在发挥员工特长的同时促进员工技能与公司业务的共同进步，彰显非结构化青年群落生态创新特质。如"苏供青年·电博士"等五个创新型非结构化青年组织。

三是兴趣型非结构化青年组织——彰显风采的展示平台。这是以员工共同的需要或兴趣为基础，由正式组织对非正式组织中的积极因素予以引导和梳理而形成的青年组织。通过其运作，能强化成员的认同感，满足员工的情感需要，营造非结构化青年群落生态和谐氛围。如"苏供青年·文学社"等八个兴趣型非结构化青年组织。

（四）员工创客化，管理无领导

在员工层面，双维制培养和积分制引导构成了员工创客化建设机制，见图 11-4。

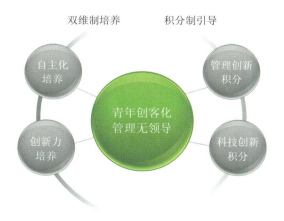

图 11-4　员工创客化建设机制

1. 双维制非结构化培养机制

青年员工创客化的核心是青年员工自主化和创新性，国网苏州供电公司构建了与之相匹配的双维培养机制，见图11-5。

自主化培养
- 自我为主制定非结构化青年组织管理规则
- 开展"人人都是负责人"活动

创新力培养
- 线上、线下多渠道鼓励青年员工质疑问难
- 内外两种方式，加强青年员工创新培训

图 11-5　双维制非结构化培养

（1）管理能力培养。

第一，自我为主制定管理规则。 国网苏州供电公司各非结构化青年组织自行制定管理规则，自行确定其机构设置、决策流程、人事管理、分配规则等，使非结构化青年组织成为"三权"[①]型组织。如党建工作青年研习会根据工作需要自行设立秘书处、学术部（课题部）、活动部、宣传部四个部门。通过竞岗演讲、专家评分、会员代表评分选出青年研习会首届理事会的4个部门、12名成员及AB角负责人。

第二，开展"人人都是负责人"活动。 一是在每个青年组织内部开展"人人都是负责人"活动。党建工作青年研习组采用轮值参与全方位培育党建人才的方式，让研习组成员在不同项目中分别担负组织协调、过程监督、考评、宣传、总结等职责，谋求研习组骨干党员能力、支部党务工作、公司党建工作"三提升"。二是与公司管理融合。如与"生命体"班组相结合，开展"人人当班长"的自主管理活动。每周一由一名青年班组成员担任代理

---

① "三权"是指决策权、用人权、分配权。"决策权"指非结构化青年组织内部事务自己决策；"用人权"指非结构化青年组织内部自行决定成员的角色与职责；"分配权"指非结构化青年组织内部自行决定成果分配方案。

班长，处理班内事务，由代理班长发布当天的工作计划，记录班组员工表现，开展班组员工评价等。通过"人人都是负责人"活动，让青年员工感同身受，提升自主管理能力。

（2）创新力培养。

第一，鼓励青年员工质疑问难。质疑是培养创新思维的突破口。国网苏州供电公司构建线上、线下融合的青年员工质疑通道。在线上方面，建立了非结构化青年组织微信群，青年员工可以随时随地在微信群里提出质疑、发表建议。在线下方面，借助各类研讨会，收集青年员工提出的质疑，如召开"苏供青年·电博士"能源互联网建设研讨会，了解青年员工对国家电网战略的认识。每月对员工于线上、线下提出的质疑进行汇总，对其中具有合理性和创新性的内容，及时组织专家或专业技术研发人员进行讨论、分析和评价。对于纳入单位工作的创意和创新，给予物质、精神奖励，使创新型思维成为一种习惯。

第二，加强青年员工创新培训。国网苏州供电公司通过内、外两种方式，加强青年员工创新培训。一是内部培训。国网苏州供电公司鼓励内部不同专业、不同部门间青年员工相互培训，先后开展内部员工培训百余次，推动员工突破本专业限制，激发员工创新思维，提升创新能力。二是外部培训。结合青年员工需求，国网苏州供电公司先后20余次聘请外部专业老师对青年员工进行培训，提升员工的知识深度和知识广度，如聘请福州大学张逸进行"电能质量与定制电力技术"专项培训。

2. 积分制非结构化引导机制

（1）积分标准建立。

国网苏州供电公司建立非结构化青年组织创新成果积分制，对非结构化青年组织的创新业绩进行全方位量化。国网苏州供电公司分别制定了管理创新和科技创新积分标准。一是管理创新积分，包括申报选送、获奖评优两个积分标准。其中，申报选送鼓励各非结构化青年组织积极参与申报，不论是否获奖都可以获得一定的积分。获奖评优则根据成果获得的奖项等级给予一定的积分，如表 11-1 所示。二是科技创新积分，从科技创新项目申报、科技创新项目参与及科技创新成果三个维度制定积分标准。科技创新项目申报根据青年员工申报项目的级别（需通过国网苏州供电公司审核并上报）进行积分，科技创新项目参与根据创新人员所参与创新项目的级别、在项目中的角色及贡献进行积分，科技创新成果根据创新成果获得的奖项等级进行积分，如表 11-2 所示。

表 11-1　管理创新积分（节选）

评价内容	获奖等级	积分标准
国家管理创新奖	一等奖	40
	二等奖	20
国家电网管理创新奖 国家电网软科学成果奖	一等奖	30
	二等奖	20
	三等奖	10
中国电力创新奖 （行业）	一等奖	10
江苏省管理创新奖 省公司管理创新奖 省公司软科学成果奖	一等奖	5
	二等奖	3

表 11-2　科技创新积分（节选）

评价内容	获奖等级	积分标准
国家科学技术进步奖 （含工人组）	特等奖	300
	一等奖	200
	二等奖	100

续表

评价内容	获奖等级	积分标准
国家技术发明奖	一等奖	300
	二等奖	200
中国专利奖	金奖	170
	银奖	100
	优秀奖	30
中国标准创新贡献奖	一等奖	100
	二等奖	20
	三等奖	10
省部级科学技术奖 （含工人组）	一等奖	50
	二等奖	20
	三等奖	10
中国电力科学技术奖	一等奖	50
	二等奖	20
	三等奖	10
国家电网科技进步奖	特等奖	100
	一等奖	50
	二等奖	20
	三等奖	10
国家电网（省部级）技 术发明奖	一等奖	40
	二等奖	20
	三等奖	10
国家电网技术标准创新贡献奖 国家电网专利奖	一等奖	20
	二等奖	10
	三等奖	5
全国职工技术创新成果奖	一等奖	10
	二等奖	5
	三等奖	2.5
地市级科技进步奖	一等奖	10

（2）积分结果应用。

国网苏州供电公司将青年员工创新积分与职业发展、评优评先相结合，发挥拉动式管理效能。国网苏州供电公司党工团与人力资源部合作，将青年员工创新积分纳入员工职业发展标准体系，明确了每一级青年员工晋升到高一级岗位必须具备的创新积分。

（五）运作项目化，资源无限制

根据目的与来源，将非结构化青年组织活动分为"自活动"和"他项目"两类，实施项目化管理，见图11-6。"自活动"指非结构化青年组织自身出于团队建设需要举办的各类活动。"他项目"指各部门/机构在运营发展过程中遇到需运用项目化方式、由非结构化青年组织协助解决的难题。

图 11-6　项目化运作机制

1."自活动"项目化管理

（1）活动申报。

每年年底，国网苏州供电公司及基层单位党工团发布次年非结构化青年组织"自活动"报送通知，各组织坚持"围绕宗旨、重在时效、量力而行"原则拟定次年活动计划并报送，计划需明确活动目标、内容、地点、日期及所需资源支持。2019 年，国网苏州供电公司共报送 52 项目活动申请。

（2）活动下达。

各单位党工团收到非结构化青年组织活动申请后，对申请的活动进行评审，根据活动所需的资源、国家电网的价值导向等对活动申请进行通盘考虑，确保每一项活动"能够做、做得好、有意义"，拟定次年活动计划初稿。其中，需预算支持的项目，按审批流程获得本单位预算支持后，正式下达，并在本单位范围内予以公示，纳入本单位"活动池"。2019 年，国网苏州供电公司下达活动 32 项。

（3）活动开展。

"自活动"按照"谁申请谁负责"的原则组织。非结构化青年组织根据活动计划，确定人员、划分职责，有计划、有步骤地落实活动。如"苏供青年·电博士"围绕能源互联网等课题成立四个专题研习小组，聚焦课题，开展专题研究并召开课题成果交流会；围绕国家电网新时代战略，召开新时代企业专题研讨会、举办"电博士"观点秀活动；围绕"大""云""物""移"技术，成立"大数据分析团队"，召开电力大数据研习交流会，并在主题教育党委中心组学习会上汇报"区块链"等研习成果。

（4）支持协助。

实施过程中，各单位党工团跟踪本单位活动的实施情况，以月为周期对活动进行统计，了解活动进度，沟通了解活动开展过程中遇到的问题、所需帮助等。各单位党工团积极协助配置资源，推动活动开展。对于特别重大的活动，则与非结构化青年组织全力建立固定沟通平台，定期沟通，提供相关支持，如协助"创 E"新媒体工作室配备了集摄像、录音、灯光于一体的微型摄影棚。

（5）结束评审。

活动结束后，各非结构化青年组织对其活动的实施过程、实施效果、实施经验和活动创新性进行总结，最后汇总并评选形成本单位优秀活动和典型活动。其中，苏供青年·文学社的《青文学》引导广大青年员工谈感悟、说观点、评时事、品人生，推动青年新时代思想再解放，提升青年思想水平和文化修养。"创 E"新媒体工作室构建起公司企业文化"中央厨房"创作中心，打造的"遇见"系列节目（《遇见好书》《遇见故事》《遇见苏州》）成为国网苏州供电公司企业文化建设新阵地。党建工作青年研习会"承担一项党建任务、提供一项决策参考、开展一项特色活动、评选一批优秀成果、举办一次成果发布、主办一份内部会刊"，成为党建组织活动的标杆。

2."他项目"项目化管理

（1）项目申报。

每年年底发布次年"他项目"报送通知，各部门 / 机构坚持"围绕中心、重在时效"的原则，以解决工作过程中的关键问题、重要矛盾为突破点，拟定 1~2 项次年项目计划，报送本单位党工团。报送时需明确项目目标、项目意义、项目周期、项目标准及所需资源。2019 年，国网苏州供电公司及基层单位部门共报送 18 项。

（2）项目匹配。

各单位党工团汇总、公布各部门 / 机构的项目申请，非结构化青年组织选择意向项目。发布半个月后，各级党工团配合召开项目匹配会，由非结构化青年组织介绍项目方案和技术路线，进行同台比拼。各部门 / 单位与非结构化青年组织会谈后，综合考虑确定项目承担方，双方签订合作协议，正式立项。最终，在本单位范围内公示立项签约结果，公示期为一周，公示后项目纳入本单位"项目池"。2019 年，共成功匹配 12 项。

（3）项目实施。

签约公示后，由非结构化青年组织根据项目要求，细化工作方案、技术路线，明确项目计划，确定项目人员，经项目提出部门审核后，按方案实施。在项目实施过程中，立项主体与实施主体定期沟通，确保项目顺利推进。

（4）支持协助。

"他项目"的支持协助分两个层面。一是立项主体对实施主体的支持协助。即在项目实施过程中，项目实施主体须定期向项目立项主体汇报项目进展情况，听取指导意见，改进并优化项目实施。二是各级党工团对本单位项目的支持协助。各单位党工团对本单位"他项目"的实施情况以月为单位进行跟踪统计，了解活动实施中遇到的问题、需要的帮助等，协助立项主体配置资源，推动项目开展。

（5）结项评审。

项目结束后，各非结构化青年组织对项目的创新举措、实施效果进行总结，形成项目成果，并申请结项。各立项主体组建评审团队，按照立项目标对项目成果从完成性、科学性、典型性、规范性、推广性等方面进行验收。验收通过的项目，实施主体将项目成果及验收意见报送本单位党工团，正式结项，项目成果纳入"成果池"。

（6）推广交流。

一是由各基层单位组织评选年度优秀项目，按流程审定后，在本单位范围内发文予以表彰，并向获奖组织和个人颁发证书；二是按照"自愿申报、逐级推荐"的原则，由基层单位向国网苏州供电公司报送优秀项目成果、案例和论文，国网苏州供电公司统一组织专家评审，确定国网苏州供电公司级优秀项目、案例等，汇总发至各单位学习借鉴，并将其纳入国网苏州供电公司"精品库"。

（六）企业平台化，组织无边界

从企业内外两个层面分别建立平台（见图11-7）：一是构建内部平台，明确党工团为引导主体，结构化青年组织为实施主体，其他部门/机构为辅助主体，建立包含负责人积分、荣誉奖励等举措的正向激励体系，发挥部门合力。二是构建超企业平台，借助党群正式组织的组织与协调作用，推动非结构化青年群落生态不断优化，整合外部资源，实现共赢目标。

图 11-7　企业平台化建设

1. 构建内部平台，发挥部门合力

（1）内部平台化管理定位。

国网苏州供电公司从各部门/机构在非结构化青年组织运作中的不同作用出发，将部门/机构分为引导性部门/机构和辅助性部门/机构，它们与非结构化青年组织共同构成非结构化管理主体，形成管理同心圆，见图 11-8。

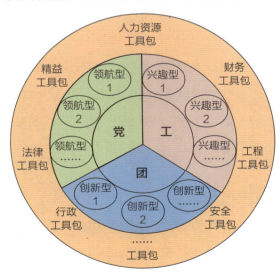

图 11-8　非结构化管理同心圆

第一，**引导主体**。党工团由于具有超越专业的"面"管理优势，所以在非结构化青年组织运作中发挥引导作用。其中，党组织主要负责员工价值观和人生方向引导；工会在落实民主管理的同时负责青年员工工作之外的人生乐趣引导；团组织主要是引导年轻人发挥聪明才智，确保年轻人的活力与热情。党工团按照职责和特长形成非结构化青年组织建设与运作"三位一体"引导架构。

第二，**实施主体**。非结构化青年组织是运作实施主体。作为实施主体，它具有高度的自主性。这主要表现在三个方面："自选择"，即非结构化青年组织自主选择成员、活动或研究主题；"自组织"，即非结构化青年组织自主确定组织体系，组织开展活动或研究；"自驱动"，即非结构化青年组织以成员自己的兴趣或发展需求为源动力，驱动活动或研究开展。

第三，**辅助主体**。其他部门／机构通过专业能力为非结构化青年组织赋能，帮助非结构化青年组织及个人全面发展，是非结构化青年组织运作的资源供给方，为非结构化青年组织提供支撑和支持，成为非结构化青年组织运作的"工具包"。

（2）内部平台化运作激励。

为促进各部门／机构积极参与非结构化青年组织运作，国网苏州供电公司建立了部门／机构参与非结构化青年组织运作的正向激励体系。

第一，**负责人积分**。根据各部门／机构参与非结构化青年组织项目运作情况及获奖级别给予部门／机构负责人一定的积分。该积分作为部门／机构负责人年度考核加分项计入部门／机构年度考核总得分，并在干部评优、岗位晋升等方面作为参考依据。

第二，**员工展示平台**。通过线上、线下多种方式搭建非结构化青年组织项目成果展示平台，参与非结构化青年组织项目的员工可以向上级领导、公司领导以及在更广阔的平台上展示项目成果，满足员工自我实现的需求。

2. 构建超企业平台，整合外部资源

（1）超企业平台搭建。

由于内部骨干力量有限、日常工作压力大等原因，国网苏州供电公司形成了以"党团共建"为先导、非结构化青年组织后跟进的超企业平台建设机制，借助党、团正式组织的组织与协调作用，推动非结构化青年群落生态不断改善。目前，国网苏州供电公司已经与南瑞集团、苏州大学等建立了多个超企业非结构化青年组织，建设机制如下：

第一，对象拟定。 国网苏州供电公司坚持目标导向与问题导向，以解决公司发展面临的重大问题为指引，在省网范围甚至国网范围寻找潜在合作方，形成拟合作清单，为党团共建和非结构化青年组织建设锁定突破口。

第二，党团共建。 这包括党建联建和团委双向共建两个方面。其中，若课题研究难度大、涉及面广，则一般由党委出面，与对方签订党建联建协议，通过党课学习等建立沟通机制；若课题研究难度较小、涉及面较窄，则一般由团委出面，通过"兴趣社团"等方式，签订双向共建协议，在周末、节假日等开展联谊、社会实践、助学、志愿服务、社区帮扶等活动，形成沟通机制。

第三，组织建设。 党团共建关系建立后，非结构化青年组织通过党团共建关系与合作方优秀青年员工形成得到双方认可的阶段性超企业非结构化青年组织。

（2）超企业平台运作。

超企业非结构化青年组织组建后即进入运作阶段。为更好地运作，需围绕具体研究主题，充分发挥各方专业特长，构建协同工作机制。主要机制如下：

第一，团队组建。 国网苏州供电公司非结构化青年组织在公司党委、团委的牵头下与对方组建超企业非结构化青年组织。如"苏供青年·电博士"围绕适应苏州古城区"全国唯一国家历史文化名城保护示范区"需要的"面向配网网格化网架的边缘代理系统"，与南瑞集团组建合作团队。

第二，团队运转。国网苏州供电公司根据研究内容匹配相应的资源，超企业非结构化青年组织双方针对相关内容建立战略合作关系。团队基于双方（如"苏供青年·电博士"与南瑞集团）党建联建平台，定期进行项目研讨。

第三，项目验收。项目完成后，双方组建验收团队对项目成果进行验收，确定未来合作机制。如南瑞集团获得同等条件下优先参与国网苏州供电公司"面向配网网格化网架的边缘代理系统"相关项目的权利，实现双赢目标。

（七）保障刚性化，激励多元化

1. 制度化刚性保障

一是保障运作经费。国网苏州供电公司党工团和各部门为非结构化青年组织日常活动开展提供充足的经费保障，从团员活动费、宣传费中为"自活动"安排专项预算；各部门为"他项目"实施申报预算。

二是保障活动场地。国网苏州供电公司党工团为非结构化青年组织日常活动、专项活动或主题活动开展，提供必要的固定场地或临时场地保障，组建了宣传平台，在各类特色活动开展中也积极协调临时场地。

2. 多元化激励举措

一是推荐评优评先。国网苏州供电公司党委在评选劳模先进、技术能手、党团荣誉的过程中，同等条件下，优先选择非结构化青年组织成员，同时将成员的优异表现向其直接领导汇报。

二是推荐专职选聘。国网苏州供电公司人力资源部在进行职员选聘、挂职锻炼等人员选择时，非结构化青年组织有人员推荐权，组织中参与重大项目多、建议与策略被采纳多的成员在各类管理岗位的竞任中优先被选聘。

三是推荐团组织干部选任。国网苏州供电公司共青团组织，在选拔任用共青团干部时，优先考虑非结构化青年组织成员，优先选任在非结构化青年组织活动中表现突出的优秀成员。

四是推荐参与决策。国网苏州供电公司党工团积极探索将激励优秀非结构化青年组织成员与健全职工代表大会和推进厂务公开、业务公开相结合，以"给名额、给机会、给舞台"的思路，让在非结构化青年组织创新活动中涌现出来的优秀代表、先进典型，更多地享有直接参与权、表达权和监督权。

三、实施成效

（一）管理水平大幅提升

非结构化管理满足了公司、党工团及青年的发展需求，有利于推动精益化管理，完善"组织青年、引导青年和服务青年"的抓手，搭建凝聚人心、职业发展、展示风采的平台。"创 E"新媒体工作室 2019 年发布文章 211 篇，增长653%，文章原创率达 98%；"苏供青年·电博士"2020 年获评江苏省青年学习社。

（二）创新与经济效益突出

非结构化管理充分释放青年潜能，推动公司创新与经济效益不断提升。2017—2019 年，国网苏州供电公司共获江苏省级和国网级科技创新奖 45 项、专利 205 项；在国家电网第五届青年创新创意大赛中，取得 2 金 1 银 1 铜历史最好成绩；三年平均年售电量达 1 392 亿千瓦时以上，营业收入均在 820亿元以上，全员年劳动生产率在 2019 年达到 1 176 万元 / 人·年。

（三）社会服务效益成效显著

非结构化管理推动内部服务举措优化和外部服务效率提升。2017—2019年，国网苏州供电公司"95598"处理及时率始终保持 100%，三年平均客户满意率达到 87.55%，"12345"市民热线考核满意率始终保持在 90% 以上，国网系统工单回访平均满意率为 99.73%，高于国网系统平均水平，优质服务呈现高水平发展态势。

四、启示和思考

（一）敢于突破、创新组织形式

员工在组织中活动，组织形式对员工的心态、行为及成长具有重要的影响。青年员工极富活力，具有创造性，对待他们，在组织形式上应该更加灵活。非结构化组织在激发青年员工内生动力方面较正式组织有着突出的优势，在实践中产生了显著的成效。

（二）应给予青年员工足够的信任

青年员工具有较好的理论功底、较强的学习能力、活跃的思维和较为开阔的视野，具备在组织引导下自我培养的能力，应给予其足够的信任，鼓励其由培养对象向培养主体转化。

（三）实施过程中注意闭环

对非结构化组织的管理，应轻管控、重跟踪，组织引导不能缺位，以保证非结构化组织与企业的核心价值、目标相一致，同时听取青年员工的反馈，持续改进。

大型供电企业助力实现"双碳"目标的
城市综合能源高质量发展管理 [*]

国网江苏省电力有限公司南京供电分公司

国网上海市电力公司浦东公司

引言:城市是人们生产生活的重要场所,如何让"双碳"和城市发生化学反应,更好地引领和融入现有的生产生活方式,请看国网南京供电公司和国网上海浦东供电公司是如何规划的。

摘要:国网南京供电公司、国网上海浦东供电公司主动融入地方经济社会发展大局,以助力实现"双碳"目标为导向,坚持系统观念和全局性谋划,实施城市综合能源高质量发展管理,发挥能源规划引领作用,推动能源供应、消费、服务等链条的高效运转;服务"双碳"战略,制定城市综合能源高质量发展总体目标;统筹协调各方资源,搭建政企联动、协同高效的组织架构;将能源规划纳入城市规划,同步引领产业发展,推进能源资源高效匹配。在

---

* 该案例获评第二十八届江苏省企业管理现代化创新成果一等奖。

此基础上，打造以电为中心的灵活高效能源资源配置新格局，推动能源供应清洁化；推动形成用绿电、高效电的能源消费新业态，实现能源消费电气化、能源利用高效化；提高电网对各类能源尤其是电力资源的统筹协调和集成优化能力，实现能源配置智慧化；搭建面向能源生态相关方的综合能源服务平台，以数字赋能提升价值创造能力，促使能源服务多元化；加强人才队伍、智库体系建设，增强综合能源高质量发展动力。通过这一系列举措，取得了显著的管理、经济、生态和社会效益，有力推动了电网向能源互联网转型、业务向用能服务转型、管理向高效智慧转型、经营向高质量效益转型，为促进国家能源清洁低碳转型、实现"双碳"目标提供了有力支撑。

一、背景和问题

（一）应对能源清洁低碳转型需要确立新理念

能源是现代经济社会的"血液"，关系国计民生和国家安全，对促进经济社会发展、增进人民福祉至关重要。2020年9月，习近平总书记在第七十五届联合国大会上宣布，中国"将提高国家自主贡献力度，采取更加有力的政策和措施，二氧化碳排放力争于2030年前达到峰值，努力争取2060年前实现碳中和"，对推动能源清洁转型提出明确要求。2021年3月，中央财经委员会第九次会议提出构建以新能源为主体的新型电力系统，明确了新型电力系统在实现"双碳"目标中的基础地位，为电力发展指明了科学方向、提供了根本遵循。为适应国家能源战略向清洁低碳转型的要求，电网企业需利用现代信息技术和数字技术为电网赋能，大力推动能源生产和消费革命，为经济社会发展提供安全、经济、高效、可持续的电力供应，在满足新时代人民群众日益增长的美好生活用能需要的同时，提前实现"碳达峰"，尽早实现"碳中和"。为适应电源侧新能源电力大规模并网带来的波动性、间歇性问题和用户侧对能源供应的智慧互动性要求，城市综合能源高质量发展需要开辟新路径。

（二）落实新型电力系统建设需要建立新模式

国家电网以建设具有中国特色国际领先的能源互联网企业为目标，发挥"大国重器"和"顶梁柱"作用，积极服务"双碳"战略，制定并发布国内首个"碳达峰、碳中和"行动方案和"构建以新能源为主体的新型电力系统"行动方案，构建"一体四翼"发展布局，在保障电力系统安全运行、电力供应可靠、电力行业可持续发展的基础上，加快推进清洁低碳、安全可控、灵活高效、智能友好、开放互动的新型电力系统建设。面对新部署、新要求，电网企业必须在新型电力系统建设上先行示范，以综合能源发展理念，优化配置供给侧各类电源配比，推动多种能源方式互联互济、源网荷储深度融合，推动能源领域降碳。

（三）推动企业高质量发展需要探索新路径

城市是能源消费的主战场，南京、上海等东部城市既是能源消费集中地区，也是能源资源特别是光伏等清洁能源匮乏地区，清洁低碳转型难度进一步加大。与此同时，随着城市规模不断扩大，能源消费需求刚性增长，经济社会发展受资源约束日益趋紧，实现"双碳"目标面临严峻挑战。电网是能源资源输送配置和转换利用的基础平台，两端分别连接供给侧与用户，处于能源体系的中心环节。保障电网安全稳定运行、促进清洁低碳转型，同时高效满足经济社会发展的用电需求，是电网企业的职责所在。同时，广大客户诉求已经从保障基本用能向满足安全低碳、质优价廉的能源供应与多元化服务需求转变。面对经济社会发展向绿色、低碳、智慧方向演进的新形势、新要求，电网企业需要牢牢把握高质量发展对保障电力安全供应和企业自身发展的要求，探索城市综合能源高质量发展新路径，加快城市能源互联网建设，在促进能源绿色低碳发展的同时提升企业效率效益，在城市能源要素方面打造具有中国特色国际领先的世界样板。

二、主要做法

（一）服务"双碳"战略，制定综合能源高质量发展总体目标和构建相应的组织体系

1. 立足企业战略转型，明确综合能源高质量发展总体目标

国网南京供电公司、国网上海浦东供电公司立足国家电网大型供电企业和重点城市（区域）供电公司的定位，围绕国家电网建设具有中国特色国际领先的能源互联网企业的战略目标和"一体四翼"发展布局，通过深入调研论证，科学规划目标任务，进一步明确企业助力"双碳"目标实现的城市综合能源高质量发展总体目标（见图12-1），即：牢牢把握能源革命和数字革命深度融合的重要机遇，以城市能源发展需求为指引，加强组织保障、智库体系建设，推动政府、用户、科研院所的多方合作；以能源规划为引领、技术创新为驱动，构建能源供应清洁化、能源消费电气化、能源配置智慧化、能源利用高效化、能源服务多元化的以电为核心的城市综合能源系统，稳步提升区外来电占比，实现新能源全额消纳，拓展电能替代广度，深化"供好电"向"供好能"的转变，努力在城市能源要素方面打造世界典范，助力"碳达峰、碳中和"目标实现。

2. 组建贯通协同柔性团队，深化多方共赢融合协作

强化组织领导。对内转变以部门为协作单元的传统思维，成立由企业主要领导任组长的领导小组、由分管领导任组长的工作小组，抽调跨部门、跨专业的业务骨干成立能源互联网建设工作组，打造全业务链条的管理组

213

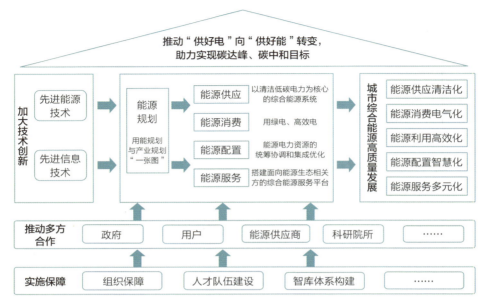

图 12-1 发展管理体系

织架构，更好地整合内部资源。同时，针对重大事项灵活采用点将制、揭榜制等多种方式，按需要组建全流程专业协同或者专业互补"技术攻关"柔性团队，实现快速响应、创意共享、信息互通。对外构建以政府为核心、以企业为主体的多层级融合协作机制，助力"双碳"目标实现。一是建立政企合作机制。高层领导定期会晤磋商，协调解决合作推进中的重大事项，促成国家电网与上海市人民政府签署《电力物联网建设助力长三角一体化发展战略合作框架协议》，与南京市人民政府签署《加快城市能源互联网示范区建设 – 共建"强富美高"新南京战略合作协议》，与江北新区人民政府签署《建设世界首个能源互联网示范应用城市战略合作协议》，支撑能源电力绿色低碳转型。二是建立企企合作机制。在政府部门的统一协调下，公司先后与水、气等能源企业签订合作协议，实现数据共享，夯实能源智慧转型基础，与铁塔公司、通信运营商签订合作协议，建立杆塔等资源的共享机制。

（二）开展城市综合能源柔性规划，推进能源资源高效匹配

1. 发挥能源规划引领作用，科学统筹规划建设布局

传统的能源规划立足于能源供给侧，能源规划被动响应城市规划，不同能源缺乏统筹协调，集成互补、梯级利用程度不高，能源资源存在错配、漏配等问题。国网南京供电公司联合政府率先开展以电为核心的能源互联网规划，推动能源规划和产业规划"一张图"，是国内首家促成"以电为核心的综合能源系统"纳入政府"十四五"规划纲要的企业。公司综合考虑能源贯穿城市交通、建筑、工业等各个领域，结合经济社会发展关键指标、城市空间布局、产业结构布局，对主要能源消费部门进行用能形式、强度及总量需求预测，引导冷、热、电等不同种类能源的相互替代和阶梯利用，优化城市能源、其他资源、空间配置，形成能源互联网规划，促进能源、空间、产业一体化协同规划；依托能源互联网规划对城市空间规划和产业规划的引领与支撑，从源头指导城市规划建设用地的能源总量和产业类型的确定；坚持试点先行、示范引领，与重点园区合作，在江北新区和紫东核心区试点编制能源互联网规划，指导能源结构及产业布局调整，统筹做好能源规划建设的源头管理。

2. 开展源网荷储一体化规划，实现网源荷的柔性匹配

针对电源侧新能源大规模并网带来的波动性、间歇性问题和用户侧对能源供应的智慧互动性要求，国网南京供电公司、国网上海浦东供电公司坚持系统观念这一内在要求，充分挖掘系统灵活调节能力和需求侧资源，推动各类资源的协调开发和科学配置。于国内率先开展源网荷储一体化规划，一方面引入概率型发电预测，通过分析光伏、风电的随机概率分布特征，开展随机概率规划，引入精准削峰、柔性调峰等网荷互动因素，在保证电网可靠度、充裕度不降低的前提下，实现网源荷的柔性匹配；另一方面运用大数据技术对辖区内典型客户的电力图谱进行分析，对原有的电力需求预

测模型予以优化，提升区域用电负荷的预测精度，增强电网规划的科学性。开展源网荷储一体化坚强局部电网规划，梳理城市重要负荷，研究局部电网结构加强方案，提出保障电源以及自备应急电源配置方案，协同电网内外部资源，实现源网荷储的柔性匹配，保障城市重要负荷电力供应。同时，针对南京光伏等清洁能源资源匮乏的特点，顺应江苏新能源"北电南送"大趋势，国网南京供电公司实现"五横四纵"的高压电缆随地铁、公路隧道敷设的规划，进一步增强电力资源跨江输送能力，预留了新能源送入的通道，将其同步纳入城市总体规划。

（三）打造灵活高效的能源网架体系，推动能源供应清洁化

1. 加快建设受端坚强电网，保障新能源及时并网和消纳

针对特大型城市受端电网特征，发挥电能作为各类能源高效转换的介质优势，建设网架坚强、结构清晰、绿色低碳、运行灵活的能源网架，保障新能源电力并网消纳和电力安全可靠供应。大力发展清洁能源，积极引入区外清洁优质电力，进一步减少对本地燃煤机组发电的依赖，大力发展本地新能源，开展新能源消纳分析预警研究，确定分布式光伏接入系统典型设计并编制成册，实现并网"标准化、简单化、快捷化"，形成"本地保障＋区外支撑"的高比例新能源供应体系，推动从源头替碳减碳。打造支撑新能源电力消纳的电网网架，着力优化完善骨干输电网架，建设一批500千伏及以下的电网输变电工程，让清洁能源电力"能发尽发、能用尽用"；建设结构合理、安全可靠、柔性互动的城市配电网，国网上海浦东供电公司在重要区域建设以10千伏开关站为核心节点、双侧电源供电、配置具有自愈功能的双环网结构"钻石型"配网，实现多元负荷与泛在新能源的开放接入和双向互动。构建源网、网荷同步发展建设机制，实现电网建设与新能源发电和社会用电需求同步发展。提升电力存储调节能力，在江

北新区建设全国规模最大的电网侧电化学储能电站，储能容量达到 130 兆瓦，推动客户侧储能建设，促成医院、商场等客户采用冰蓄冷技术，实现电能在时间上的移动，达到错峰用电。

2. 构建多能互补综合能源系统，推动能源供应多元集成

以集约高效的能源供应为目标，整合电、水、气、热等多种能源，以综合能源站为平台，推动构建多元融合的城市综合能源系统。推动传统变电站到综合能源站的演化，发挥变电站布点和网络优势，以变电站现有资源为基础，融合光伏电站、储能站、冷热供应站、充换电站和 5G 基站等功能模块，打造能源高效转换利用、信息共享互联的综合能源系统单元，建设一批综合能源站示范工程，实现变电站、储能站、充换电站、5G 基站、屋顶光伏电站的共享共建。打造以电为核心的区域综合能源系统，发挥电能作为各类能源高效转换介质的优势，推动风光冷热储多能融合互补、电气冷热多元聚合互动，以清洁和绿色的方式保障能源供应。聚焦重点园区，综合利用江水源、风、光等清洁能源和分布式储能资源，对接用户多样化冷、热、电需求，依托综合能源站实现多种能源间的互联互通、综合转化与高效利用。融合江水源热泵、冰蓄冷等新能源技术和大数据技术，在江北新区地下七层空间试点建设智慧用能工程，实现电网与冷、热、储的高效融合，以高品质、低成本用能服务推动多能协同。

（四）推动全社会节能提效，实现能源消费电气化、能源利用高效化

1. 深入实施电能替代，促进能源消费电气化

在能源供应侧新能源发展利用的基础上，在终端能源消费环节加快推动"以电代煤、以电代油、以电代气"，积极引导客户绿色用能，持续拓展电能替代广度、深度。在工业制造领域，结合政府大气污染防治、减煤等重点工作，在工业园区推进燃煤锅炉、燃煤窑炉等实施电能替代。在农业

生产领域，服务低碳绿色乡村建设，把乡村作为可再生能源发展的重要落脚点，大力推动乡村电气化，与区县政府合作，推广农产品电烘干与农业耕种、畜牧饲养与水产养殖及乡村旅游电动化，打造零碳螃蟹养殖、零碳育苗、零碳旅游等农业示范项目。在餐饮领域，扩大餐饮电气化覆盖面，推动南京市"瓶改电"专项行动，推进夫子庙等景区餐饮电气化改造，在大专院校、中小学、幼儿园推广电厨炊，推进绿色校园的清洁高效建设。在建筑领域，加快推进居民能源消费电气化，在居住小区规划阶段提前介入，推动新建小区住宅家居及公用附属设施全电化配置；组织电采暖、电锅炉等各类家电专题推广活动，引导客户选购绿色、节能和智慧家居产品。在交通领域，加快推广电动交通工具和港航绿色发展。推动电动汽车发展，加快充电设施规划布局，投运全国最大规模的智能充电停车楼宇，投入运行国内首台电动轨道机车、江苏省内首批新能源重型卡车。推动"绿色港口""智慧港口"建设，推动港口岸电标准化建设和电动船舶商业化运营，聚焦长江干支流港口、码头等分级分类推广应用岸电建设，打造新生圩港绿色港口创建、江心洲3 000吨级电动船示范项目，推动港航绿色发展。

2. 打造综合能源服务新业态，促进能源利用高效化

在综合能源服务领域，通过不断加强技术、运营和机制创新打造综合能源服务新业态，满足客户多元化用能需求，调整企业用能结构，提高能源利用效率，推动社会综合能效全面提升。就综合能效而言，做优用能服务业务，开展高耗能产业等领域的能效监测和节能改造，加强与政府、医院、学校等的能源托管合作，根据不同行业用能特点提供定制化用能策略，帮助客户低碳、零碳用能，着力推动各行业能效提升。国网南京供电公司示范打造国内首个商业楼宇信息物理系统（CPS）标杆项目，实现了对客户用能设备的全景感知和智能控制，提升中央空调系统能效20%。在综合能效业务的基础上，在国内率先开展客户侧"综合碳管理"示范项目建设，以

工业大用户为试点，打造水泥行业碳排放计量体系研究及碳交易碳捕捉仿真技术示范工程，推动高碳排放行业绿色低碳发展。就基础资源共享而言，开展变电站、电力杆塔、电缆沟道等资源的商业化运营，推动电力基础资源领域与社会通信领域的跨行业资源共享，解决运营商 4G、5G 基站布点站址选择及信号覆盖等难题。面向运营商、铁塔公司规模化共享杆塔站址资源，投运国内首个"变电站 +5G 基站 + 边缘数据中心站"多站融合项目，利用配电网建成投运 5G 共享机房，率先与南京铁塔公司签订《关于共同推进通信塔资源共享的战略合作协议》，开展杆塔共享合作业务。

（五）加快电网向能源互联网演变，实现能源配置智慧化

1. 推动数字技术与电网融合，提升电网智能运营能力

深化数字技术与电网业务融合发展，加快电网基础设施智能化升级，实现电力生产、传输、消费各环节"在线互动"。提升电网设备的可观可测能力，以电网生产各环节感知测控系统为基础，部署各类传感设备、边缘物联代理，开展业务信息采集能力建设，提高感知终端在电网及网络传输系统中的覆盖率，实现设备缺陷主动预警、在线状态评估。率先打造全国首座全感知变电站和国网系统首条 220 千伏基于人工智能的高压电缆隧道，实现设备状态全面、准确评价。建设智慧台区，覆盖台区范围的分支箱、智能表箱、充电桩、分布式电源等设备，实现智能化数据采集和设备控制。构建坚强通信专网，率先建成国内首个 1.8G 赫兹省会级全覆盖无线专网，打通电网通信的"最后一公里"，支撑光伏、充电桩等分布式资源数据采集交互泛在化。发挥智慧运营管理效能，应用无人机、机器人对电缆隧道、架空线路、变电站、配电站房开展常态化自主巡检，研发全国首台基于绝缘杆作业法的带电作业机器人和简易型带配电巡检机器人，推进配网不停电作业能力提升工程，提升运检效率。

2. 提升电力系统调节能力，深化源网荷储友好互动

随着电力系统呈现高比例可再生能源、高比例电力电子设备的"双高"特征，调频、调压能力不足成为瓶颈，亟须处理好清洁发展与系统安全的问题。国网南京供电公司通过优化整合本地电源侧、电网侧、负荷侧、储能侧资源，以先进技术突破为支撑，提升电力系统调节能力，打造灵活柔性的电力配置枢纽。

一是聚合电力调节资源。发挥南京电网智能化程度高、电力无线专网强、能源客户种类丰富的优势，聚合光伏电站、充电桩、储能站、变电站辅控系统等海量分布式资源，聚沙成塔，实现分布式电源可观可测、群控群调示范应用；引导负荷资源参与电网调节，通过开展需求侧响应互动实践，推动用电企业积极主动响应电力系统需求，丰富电网可调资源。国网上海浦东供电公司推广秒级自愈的配电自动化技术，推进大电网精准负荷控制和全域用户综合需求响应。

二是数据融合助推柔性调控。建设数字化"配调大脑"，在电网感知层、传输层和平台层，构建"电网眼""电网脉""电网脑"，推进多能友好协控，示范开展智慧能源协调控制，以国家级新区南京江北新区为试点建设区域，利用聚合分散在不同区域的电源、用电负荷、储能资源，运用智慧用能管控技术，打造百万千瓦级城市虚拟电厂，推动分布式能源和用电设备协同优化运行，实现以冷、热、水、电为代表的各类能源元素互补互济、协调控制，提升社会整体能效。

（六）以数字赋能提升价值创造能力，促进能源服务多元化

1. 搭建城市智慧综合能源云平台，夯实综合能源服务基础

为解决综合能源服务领域存在的能源企业间互动性弱、各能源子系统业务相互独立、能源数据不易共享等痛点问题，结合区域定位、经济社会发

展阶段、数据来源等因素，以电力数据为基础，融合内外部生态伙伴电、热、气等多种能源消费数据；加强与政府数据融通，引入地区经济、交通、环境数据，形成涵盖生产、消费各环节的全景能源大数据。在此基础上，构建全方位、多功能的城市智慧综合能源云平台，融合政府机构、能源客户与能源服务市场等能源服务产供销相关方需求，按照能源资源管控平台和综合能源服务互动平台"两个层级"，从政府、能源企业、能源客户、能源服务市场"四个视角"，聚焦能源监控、能源分析、能源管理、能源交易、能源服务、能源应用"六大功能"体系。

城市智慧综合能源云平台试运行以来，接入了光伏电站、风力发电场、充换电站等绿色能源设施，吸引能源客户逐步入驻平台，全面整合电力、水务、燃气、政府、社会等多方系统平台数据，建成 TB 级的数据资产库；推出区域能源分析、异常用能智能分析、用能行为分析等一系列推动城市绿色低碳发展的能源服务数字产品，形成了包括 100 余家综合能源企业的能源互联网产业云联盟。

2. 开展综合能源多元服务，支撑城市能源发展转型

以服务政府部门、能源客户和其他能源服务参与者等全生态对象为导向，以电力服务、智力服务、数据服务和技术服务等综合能源服务方式，挖掘能源生产、能源配送、能源消费等能源环节的"降碳"空间。

一是服务政府绿色低碳发展。为政府提供区域能流全景监控、区域能耗能效监测等功能，形成能源监控抓手，协助政府制定能源规划、进行产业布局，打造城市最强"能源大脑"。聚焦生态环境治理、能效监测等领域拓展大数据应用，创新推出"电力大数据＋环保"的数字服务，协助生态环境局开展执法工作，全面整治"散乱污"企业；配合政府加强对小化工企业的用电监测，支撑对化工企业的整治工作。

二是服务企业低碳清洁转型，为能源客户提供能耗实时监控、用能智能分析，指导客户科学用能。针对特定行业企业，提供专业的能源分析、用能诊断、节能建议等服务，帮助客户发现用能痛点，为客户提供能源管理、节能降耗等方面的建议，打造一套专业化的用能解决方案，降低客户能源使用成本，提升客户效益。

三是服务电网提质增效，建设能源全景大数据分析挖掘窗口，支撑电网更精细化、精准化、精益化地分析能源数据，管控区域多元能源。

（七）强化支撑保障，增强综合能源高质量发展动力

1. 打造专业人才队伍，提供坚实人才保障

人才是推动企业发展的根本动力。企业从人才选聘、培训、激励机制等方面强化新型人才、复合型人才队伍建设，为综合能源新兴业务高质量发展等重要战略目标落地配套打造人才团队。

企业强化新型人才、复合型人才队伍建设，开发服务"双碳"目标实现的综合能源高质量发展相关课程，编制各专业、工种的"知识矩阵"，为综合能源高质量发展所涉及的传统业务融合夯实基础；实行"训战结合"的培养方式，依托重大项目和重点工程，通过组建柔性团队、技术交流等形式，着力培养一批与综合能源高质量发展相适应的专家人才队伍，形成在实践中发现人才、培育人才、凝聚人才的机制；优化激励考核机制，强化"干新业务有新收入"的理念在薪酬激励中的应用，量化个人能力和业绩，为新兴业务运用目标与关键成果法（OKR 工作法）设计指标，加强对新兴业务核心人才的倾斜，推动组织和个人互促共进、互利共赢；选取能源互联网建设工作中的服务奉献和攻坚克难典型，推动形成学习先进、争当先进的良好氛围。

2. 建立高端柔性智库，提供科学决策支撑

立足发挥企业主体作用，汇聚各类智库资源和力量，构建了企业内部智库及社会智库机构平台，作为企业理论创新、技术创新、商业模式创新

和管理创新的策略发源地。

加强企校合作，开展能源电力关键技术创新，以"产学研用"促进能源要素升级，与知名高校共同成立零碳城市新型电力系统联合研究中心，进行"双碳"领域政策研究、技术攻关、产品研发、成果转化，打造科技攻关、资源共享、聚集人才、孕育成果的平台。建设柔性智库研究力量，坚持"以柔聚才、以快制变、以创求新、以智咨政"的发展定位，打造各类顶尖专家聚集的"蓄水池"。以项目制广泛吸纳内外部专家人才，由高端专家人才形成的规范研究队伍构成智库力量的核心层；由企业专业理论扎实、实践经验丰富、技术特点突出的优秀人员组成兼职研究队伍，构成智库力量的紧密层；与行业内外其他智库和咨询机构建立广泛的智库联盟关系，面向社会聘请专业人才，形成分散化、网格状外围智库队伍，构成智库力量的离散层。

三、实施成效

（一）推动了企业智慧升级，管理效率突出

通过实施助力"双碳"目标实现的城市综合能源高质量发展管理，打破数据壁垒，推进能源信息资源的整合利用，为政府合理配置能源、优化产业结构提供决策支撑，为用户降本增效提供技术服务，逐步实现由供好电向供好能的转变。国网上海浦东供电公司综合能源服务、"双碳"相关业务流程的环节压减 20% 以上，总体效率提升 15% 以上；国网南京供电公司降低生产运行成本，外包用工减少 20%，减员增效成果显著。企业围绕城市综合能源高质量发展管理，推广综合能源服务、能源托管、能效监测等业务，促进了上下游良性互动、合作共赢。

（二）提升了生产运行质效，经济效益明显

通过实施城市综合能源高质量发展管理，企业综合实力大幅增强，经济效益显著提升。在安全生产方面，国网南京供电公司调度最高用电负荷连续创历史新高，达到 1 277.6 万千瓦。国网上海浦东供电公司依托城市智慧综合能源云平台，打造数字化产品和综合能源服务产品，拓展电能替代等综合能源服务市场，实现"卖服务、卖数据、卖管理、卖智力"的能源服务生态升级，人均售电量、人均产值等在国网系统处于前列。

（三）促进了能源绿色转型，生态效益显著

企业通过实施城市综合能源高质量发展管理，在能源规划、供给、消费、服务全流程中，加强多方业务融合，初步形成以电为核心的能源系统，有力促进了能源电力从高碳向低碳、从低效到高效的转变，助推生态文明建设和可持续发展。"十三五"期间，国网南京供电公司加大区外清洁电力占比，电网受电能力达 700 万千瓦，区外来电占比为 32%，较 2017 年提升了 20 个百分点；累计减少本地燃煤机组发电量约 82 亿千瓦时，折算减排二氧化碳 729 万吨。

（四）推动了生产生活方式绿色转型，社会效益显著

企业通过实施城市综合能源高质量发展管理，充分发挥了供电企业的公共服务职能，树立了全力助推地方经济绿色可持续发展的良好形象，充分彰显了央企的责任担当，"获得电力"指标得分在国家发改委营商环境评价中排在全国前列。通过政企、企企合作机制，建立集"政府—能源企业—客户"于一体的城市综合能源高质量发展共同体。推动工（农）业生产制造、交通等领域的电能替代，推进建筑节能和智能化改造，营造低碳绿色生产生活氛围。国网南京供电公司成为国内首家促成"以电为核心的综合能源

系统"纳入政府规划纲要的省会城市供电公司，实现能源绿色智慧转型与地方经济社会发展同频共振；2020年累计共享电力5G杆塔128基，建设多站融合数据中心站29座。公司在国内最大规模的电动汽车综合服务楼宇运营也得到了新华社、央视等主流新闻媒体的关注，相关新闻媒体对此作了专题报道。国内首个涵盖多应用场景的商业楼宇CPS标杆项目在国家电网经营区全面推广，并作为亚洲质量奖最佳实践案例向亚洲国家发布，国网南京供电公司代表中国企业参评并荣获"亚洲质量卓越奖"。

四、启示和思考

（一）柔性团队是推进生态化的重要组织形态

柔性组织与动态竞争条件相适应，具有不断适应环境和自我调整的能力，无论是在管理体制上，还是在机构设置上，都具有较强的灵活性，对企业经营环境有较强的应变能力。在未来的市场环境下，柔性团队将成为越来越主流的组织方式，成为推动生态化发展的重要力量。

（二）智慧化是城市能源高质量发展的主要手段

智慧化在计算机网络、大数据、物联网和人工智能等技术的支持下，具有快捷感知和满足各种需求的优势，在未来是实现能源高质量发展的必然举措和主要手段，企业在技术和管理上都应做好实现突破的准备。

（三）建立交易机制是未来必然要面对的问题

在生态化的发展趋势下，内外部合作形式和内容将日趋多元化，交易机制的建立是必然要面对的问题。研究能源互联网中多方价值共创共享的交易机制，是下一阶段推动能源高质量发展的重要工作。

图书在版编目（CIP）数据

面向未来的电力企业管理：以国网江苏省电力有限
公司为例 / 国网江苏省电力有限公司编. -- 北京：中
国人民大学出版社，2022.7
ISBN 978-7-300-30628-5

Ⅰ.①面… Ⅱ.①国… Ⅲ.①电力工业 – 工业企业管
理 – 研究 – 江苏 Ⅳ.①F426.61

中国版本图书馆CIP数据核字（2022）第088232号

面向未来的电力企业管理
以国网江苏省电力有限公司为例
国网江苏省电力有限公司　编
Mianxiang Weilai de Dianli Qiye Guanli

出版发行	中国人民大学出版社			
社　　址	北京中关村大街31号		**邮政编码**	100080
电　　话	010-62511242（总编室）		010-62511770（质管部）	
	010-82501766（邮购部）		010-62514148（门市部）	
	010-62515195（发行公司）		010-62515275（盗版举报）	
网　　址	http：//www.crup.com.cn			
经　　销	新华书店			
印　　刷	北京瑞禾彩色印刷有限公司			
规　　格	170mm×240mm　16开本		**版　　次**	2022年7月第1版
印　　张	14.75		**印　　次**	2022年7月第1次印刷
字　　数	195 000		**定　　价**	99.00 元